Kurt Thünemann
Denise
Weßel-Therhorn

Krisen Kompetenz Training

Das Buch zum Seminar
go straight

win2win
Gesellschaft für Prävention

Danke an meine Freunde und Kollegen Axel Kalus, Frank Stöckler und Matthias Wolter für die inhaltliche Ausgestaltung des Seminares „go straight".

Ich bedanke mich für die Verschriftlichung bei Denise Weßel-Therhorn, bei Christian Sonnhoff für die grafische Umsetzung und bei meiner Frau Elvira Eden für die vielen Gespräche über dieses Seminar.

Besonderer Dank gilt aber den vielen Teilnehmerinnen und Teilnehmern an dem Seminar „go straight", die mit Ihrem Wissen aus der Praxis für die Praxis dieses Buch ermöglicht haben.

www.win2win-ggmbh.de

Gestaltung: Christian Sonnhoff
Fotos: © www.fotolia.de
Gesamtherstellung: Korotan-Ljubljana d.o.o, Slowenien
ISBN 978-3-941710-00-9

Inhalt

EIN WORT ZUVOR

Das Buch zum Seminar „go straight"

Dieses Buch beinhaltet eine praxisnahe Theoriesammlung zum Krisenkompetenztraining ***„go straight"***.

go straight ist ein in der Praxis erprobtes und gewachsenes Krisenkompetenztraining. Es wurde bereits bis Ende 2008 mit über 5000 Teilnehmern erfolgreich durchgeführt. Mitarbeitende in der Kinder- und Jugendhilfe, Suchtkrankenhilfe, aus psychiatrischen Einrichtungen, Schulen und Verwaltungen benötigen immer häufiger ***Handwerkszeug für den Umgang mit grenzüberschreitendem Verhalten.***

Elemente der Verhaltenspsychologie, Theoriegrundlagen zur Kommunikation, Aggressionsdiagnostik und praktische pädagogische Tipps zum Umgang mit übergriffigem Verhalten sind Inhalte dieses Buches. Es regt zum Nachdenken und Nachahmen an und bildet die Grundlage zum Verstehen menschlichen Handelns.

Professionelles Handeln setzt individuelles Fallverstehen, Selbstmanagement, Krisenkompetenz und ein ausgewogenes Nähe- und Distanzverhältnis voraus. Dieses Buch ist ein Grundlagenwerk, theoretisch fundiert und praktisch untermauert.

Es hilft Ihnen vom ***„Kennen zum Können"*** zu gelangen.

Über Anregungen und Rückmeldungen zum Seminar oder zum Buch „go straight" freuen wir uns. thuenemann@win2win-ggmbh.de

KAPITEL 1

Profi sein ...

Empathie, ein großes Herz und der Willen, die Welt ein kleines Stückchen besser zu machen – was sollte für die Betreuung von Kindern und Jugendlichen im Bereich der Jugendhilfe, Suchtberatung, Drogenhilfe oder im Kontext der Schule außerdem notwendig sein? Noch viel, viel mehr sagt unser Bauchgefühl. Aber was unterscheidet uns konkret von dem hilfsbereiten, warmherzigen Laien?

Die Antwort lässt sich auf eine kurze, eingängige Formeln bringen:

Wir sind Profis.

Professionalität, so die lexikalische Definition, ist ein Begriff zur Beschreibung der Qualität eines Produktes und umfasst insbesondere Eignung als zuverlässiges Werkzeug zur Berufsausübung. Einem Profi werden professionelle Eigenschaften zugesprochen; in unserem Berufsfeld bedeutet Professionalität, dass wir eine systematische Ausbildung absolviert haben, die es uns erlaubt, unser tägliches Handeln auf der Basis von spezifischem, bewusstem und fundiertem Wissen zu planen und durchzuführen. Genau das ist es, was als Erwartung an einen Profi herangetragen wird: Einem Profi wird ein erhöhtes Maß an Wissen und Fähigkeiten zugesprochen, das zu einer effektiveren Aufgabenerfüllung und höherer Handlungssicherheit führt, als dies von einem Laien zu erwarten ist.

Vergleichbar mit den pflegenden Berufen werden von uns Schlüsselqualifikationen gefordert, zentrale Aspekte unserer Professionalität, die uns gegenüber anderen für den Umgang mit verhaltensorigenellen Kindern und Jugendlichen qualifizieren.

Wir bringen mit ...

... Reflexionsfähigkeit: Unsere Arbeit verlangt, dass wir unser eigenes Handeln und Verhalten stetig kritisch kontrollieren. Wir übernehmen die Rollen von Mentoren und Vorbildern, von Zuhörern und strengen Regelwächtern, von kumpelhaften Beratern und scharfen Kritikern. All diese Rollen müssen wir authentisch leben können. Dies geht nicht, ohne eine realistische Einschätzung eigener Fähigkeiten und Ressourcen vorzunehmen und eigene Grenzen und Möglichkeiten zu erkennen.

... Flexibilität: In unserem Denken und Handeln müssen wir beweglich sein und bleiben. Regelmäßig sind wir mit Situationen konfrontiert, zu denen es noch keine festgeschriebene und erprobte Lösung gibt. Im Bewusstsein unserer Kenntnisse und unserer Verhaltensprinzipien müssen wir Kreativität und Improvisationsvermögen an den Tag legen und neue Wege zum Ziel beschreiten.

... Eigenständigkeit und Verantwortung: Ein verantwortungsvoller Umgang mit uns selbst, den Klienten und der Betreuungssituation ist die Grundvoraussetzung für eine erfolgreiche Intervention. Es gilt, Verantwortung zu übernehmen: für den disziplinierten und konsequenten Umgang mit unseren Klienten, für notwendige Aufgaben und Prozesse, für schwierige und unangenehme, aber fachlich fundierte Entscheidungen.

... Beziehungsfähigkeit: Unser Beruf ist darauf ausgerichtet, Beziehungen zu Klienten aufzubauen, die man grob verallgemeinert als beziehungsgestört bezeichnen mag. Eine verlässliche und vertrauensvolle Kontaktperson zu werden und zu sein, verlangt nicht nur Initiative, Engagement, Geduld und Ausdauer, sondern auch sehr viel Einfühlungsvermögen und die Bereitschaft, sich selber Angriffen auf die eigene Persönlichkeit, wüsten Beschimpfungen und Rückschlägen auszusetzen. Trotz sehr verletzendem Verhalten, trotz Ablehnung und Verachtung, die uns von einigen Klienten ungefiltert entgegen gebracht werden, müssen wir unseren Klienten im Gegenzug stets mit Wertschätzung und wohlwollendem Verstehen begegnen. Unsere Professionalität äußert sich in der Fähigkeit, unsere eigenen Bedürfnisse und Empfindungen zurückzustellen und Beziehungsangebote aufrecht zu erhalten.

... Kommunikations- und Konfliktfähigkeit: Die Bewältigung von Konflikten und Krisen gehört zu unserem Alltagsgeschäft. Unsere Klienten sind aufgrund ihrer Persönlichkeit und ihren bisherigen Lebenserfahrungen nicht in der Lage, auf sozial angemessene Art und Weise auf Konflikte zu reagieren, ja nicht einmal eine normale Alltagskommunikation zu führen. Ironie, Sarkasmus oder Zynismus sind Kommunikationsstile, die sich in der pädagogischen oder therapeutischen Arbeit verbieten. Vielmehr gilt es, sich differenziert, verständlich und situationsgerecht auszudrücken und sich auf das Sprachniveau seines Gegenübers einzulassen. Gerade bei Gesprächsangeboten in Konfliktsituationen müssen wir uns auf die Perspektive unseres Gegenübers einlassen, überlegen, welche Reaktion von uns erwartet wird, inwieweit wir uns auf diese Erwartung einlassen können, ohne unseren erzieherischen Auftrag zu vernachlässigen und in welche Sprache wir Ansagen und Zugeständnisse verpacken können. Wir müssen bereit sein, uns dem Konflikt in all seinen Ausdrucksformen zu stellen und mögliche Konsequenzen auch aushalten lernen.

... Teamfähigkeit: Wir stehen in unserer Arbeit nicht alleine. Wir sind ein Team, das sich auf Loyalität, Solidarität und gegenseitiger Wertschätzung gründet und auf Basis verbindlicher Absprachen aufbauen sollte. Teamfähigkeit ist die Fähigkeit zur Zusammenarbeit, zu eindeutigen Absprachen und zum Einstehen für diese Absprachen, selbst wenn sie nicht immer der persönlichen Einstellung oder den persönlichen Wünschen entsprechen. Team bedeutet im Idealfall, dass ‚alle an einem Strang ziehen'. Dies verlangt von jedem einzelnen, sich einem Teamgedanken unterzuordnen und für das Team einzustehen.

... Beobachtungsgabe und Analysefähigkeit: Eine wirksame Einflussnahme auf unsere Klienten setzt voraus, dass wir unsere Klienten in ihren Verhaltensmustern kennen lernen und daraus Handlungsansätze ableiten. Dazu ist es unabdinglich, unsere Klienten in ihren Handlungssituationen differenziert und wertneutral wahrzunehmen, Handlungszusammenhänge zu identifizieren und Veränderungspotentiale zu beurteilen. Wir müssen sensibel auch für kleine Abweichungen vom „Normalen" sein, minimale Veränderungen erkennen können und gemeinsam mit unseren Klienten neues Wissen und neue Erfahrungen sammeln.

Zeichnung:
Timo Wuerz · Hamburg
www.timo-wuerz.de

Unsere Professionalität setzt sich aus all den genannten Einzelaspekten und wahrscheinlich vielen weiteren Aspekten zusammen. Doch darf man wohl nicht erwarten, dass diese Kenntnisse und Fähigkeiten – einmal erlernt – ein Berufsleben lang anhalten und professionelles Handeln gewährleisten. So wie der Handwerker sein Werkzeug regelmäßig säubern, pflegen und erneuern muss, haben wir uns unabhängig von unserem Arbeitskontext regelmäßig selber zu pflegen und weiter zu entwickeln.
Neben einer fachlich fundierten Ausbildung hängt die Wirksamkeit unseres Handelns nicht zuletzt von wenig beeinflussbaren Rahmenbedingungen ab. Unser Handlungsspielraum orientiert sich dabei an:

... gesetzliche Rahmenbedingungen: Die gesetzlichen Rahmenbedingungen geben uns die Möglichkeiten, aber auch die Grenzen vor, Handlungsweisen durchzusetzen. Hierbei ist insbesondere zu bedenken, dass innerhalb der Jugend- und Drogenhilfe (bis auf wenige Ausnahmen) keine rechtlichen Grundlagen für die Anwendung unmittelbaren Zwangs gegeben sind.

... gesellschaftliche Rahmenbedingungen: Gesellschaftlich gibt es eine rasante Veränderung in Hinblick auf die familiäre Einbindung von Kindern und Jugendlichen. Immer mehr Klienten wachsen in Patchworkfamilien oder in Teilfamilien auf und pflegen kaum soziale Kontakte außerhalb bestimmter Peergroups. Unsere Klienten weisen immer weniger Erfahrungen mit Grenzsetzungen auf, erleben dafür aber unbefriedigte Bedürfnisse nach sozialen Bindungen. Ihre Grenzüberschreitungen, ihr sozial unangemessenes Verhalten ist in vielen Fällen kein Ausdruck von willentlicher Entscheidung oder absichtlicher Verletzung, sondern ein erlerntes Verhalten.

... institutionelle Rahmenbedingungen: Die institutionellen Rahmenbedingungen bestimmen, mit welcher Intensität wir unsere Klienten betreuen und wie wir mit ihnen arbeiten können. Zuweisungen und Aufnahmekriterien haben sich im Bereich der Jugend- und Drogenhilfe stark verändert und verlangen die Betreuung von mehr Klienten in kürzeren Verweildauern, eine spätere stationäre Aufnahme bei steigender Anzahl übergreifender, dokumentierender und administrativer Tätigkeiten.

Trotz enormen Fachwissens und hoher Handlungssicherheit kann unser professionelles Handeln so von den gegebenen Rahmenbedingungen maßgeblich bestimmt werden. Dagegen liegt es in unserer Verantwortung, unsere eigenen individuellen Handlungsbedingungen zu gestalten und die Voraussetzung zu größtmöglicher Handlungswirksamkeit sicherzustellen. Die Stellschrauben, an denen wir drehen können, sind:

... Stimmung: Stimmungen entwickeln sich aus den eigenen, persönlichen Emotionen. Professionalität bedeutet, dass wir eine gute Kontrolle über unsere Gefühlslage haben und erhalten. Wir sollten Emotionen zeigen können, wenn dies im Umgang mit unseren Klienten hilfreich ist und uns authentisch erscheinen lässt. Genauso müssen wir unsere Emotionen zurückhalten können und unsere Klienten nicht mit unseren eigenen Gefühlen konfrontieren. Diese Aufgabe mag sich gerade in Konfliktsituationen, in denen wir als Person angegriffen werden, schwierig gestalten; ebenso schwierig ist es aber, sich von privaten Ereignissen zu distanzieren und die dort erlebten Emotionen nicht ins Berufsleben zu tragen.

... Einstellungen: Eine grundlegend positive Einstellung zur Arbeit mit unserer Klientel ist eine unabdingliche Grundvoraussetzung. Ironische Äußerungen, die Überzeugung, dass bei unseren Klienten „nichts mehr zu retten" ist oder die destruktive Einstellung nur Verwahrer von schwierigen Kids zu sein, wirken sich negativ auf das Selbstwertgefühl unserer Klienten aus und verstärken nur ihre ungebremsten und impulsiven Verhaltensweisen. Achtung, Respekt und Wertschätzung – dies sind die Tugenden, die wir unseren Klienten zeigen und vorleben müssen. Dabei wird nicht von uns verlangt, dass wir Verständnis oder gar Akzeptanz für die Verhaltensweisen unserer Klienten aufbringen. Wir dürfen sehr wohl sozial unangemessenes Verhalten kritisieren und ablehnen. Doch gilt es zwischen der Person und dem Verhalten zu differenzieren – und es ist unsere Pflicht, der Person, die hinter dem unangemessenen Verhalten steht, denselben Respekt zu zollen, den wir jedem anderen auch entgegenbringen. Einstellung ist nichts, was einem passiert, sondern eine bewusste Entscheidung für eine bestimmte Sichtweise.

... Motivation und Arbeitsfreude: Die Arbeitsfreude entscheidet wesentlich über Erfolge im zwischenmenschlichen Kontakt. Fehlendes Engagement wird von unseren Klienten direkt wahrgenommen, in Bezug zur eigenen Person gesetzt und damit fehlgedeutet. Sind wir dagegen offen und motiviert, sind auch unsere Klienten eher bereit, sich auf Gesprächsangebote einzulassen und gemeinsam mit uns zu arbeiten. Es ist selbstverständlich, dass es auch „schlechte Tage" gibt. Diese verzeihen uns unsere Klienten gerne und mit größter Selbstverständlichkeit, wenn wir in der Regel nach außen zeigen, dass uns die Arbeit mit unseren Klienten wichtig ist und Spaß bereitet.

Ein zentraler Aspekt professionellen Handelns ist, sich über die Anforderungen seines Berufes bewusst zu sein. Die vorangegangene Aufzählung soll an all die wichtigen Aspekte erinnern, die es in diesem Zusammenhang zu bedenken gilt.

Die weiteren Ausführungen in diesem Buch verstehen sich als Erweiterung des Fachwissens und als Anleitung zum individuellen Fallverständnis. Individuelles Fallverständnis gehört heutzutage zum ‚guten Ton' der pädagogischen Arbeit und damit zu einem grundlegenden Rüstzeug. Kenntnisse der Anamnese und der Persönlichkeit des Betreuten sind Voraussetzungen für das Gelingen einer pädagogischen Intervention. Und doch bezieht sich das Fallverständnis zu häufig ausschließlich auf die Rahmenbedingungen der Arbeit: Aus welchem Grund wird der Klient einer Betreuung unterstellt? Was sind die Erwartungen der unterschiedlichen Beteiligten: des Klienten, des Jugendamtes, der Eltern, der Einrichtung, der Schule? Wer übernimmt welche Aufgaben und Verantwortungen? Was ist mein persönlicher, ganz konkreter Auftrag? Welche Fern- und welche Zwischenziele haben wir definiert? Woran erkennen wir, dass wir auf dem richtigen pädagogischen Weg sind?

Die Fragen, wie sich der Klient denn nun wirklich in konkreten Situationen verhält, welche Anteile seines Verhaltens sozial unangemessen sind, welches Veränderungspotential er mit sich bringt, warum er sich so verhält wie er sich verhält, wie seine Handlungsentscheidungen bedingt sind, welche Wünsche, Bedürfnisse, Empfindungen unser Klient hat – all diese Fragen werden im individuellen Fallverständnis häufig nur am Rande behandelt. Wir ordnen diese Fragen zu oft als Teil der pädagogischen Arbeit ein, anstatt sie als notwendige Informationen zu definieren, auf deren Grundlage wir eine effektive Intervention überhaupt erst planen können.

Das Buch versteht sich als Ideensammlung, welche Aspekte ein gutes individuelles Fallverständnis ausmachen und wo wir Ansatzpunkte für Interventionen finden können.

Wir arbeiten nach dem Motto: ***Verstehen, ohne einverstanden*** zu sein.

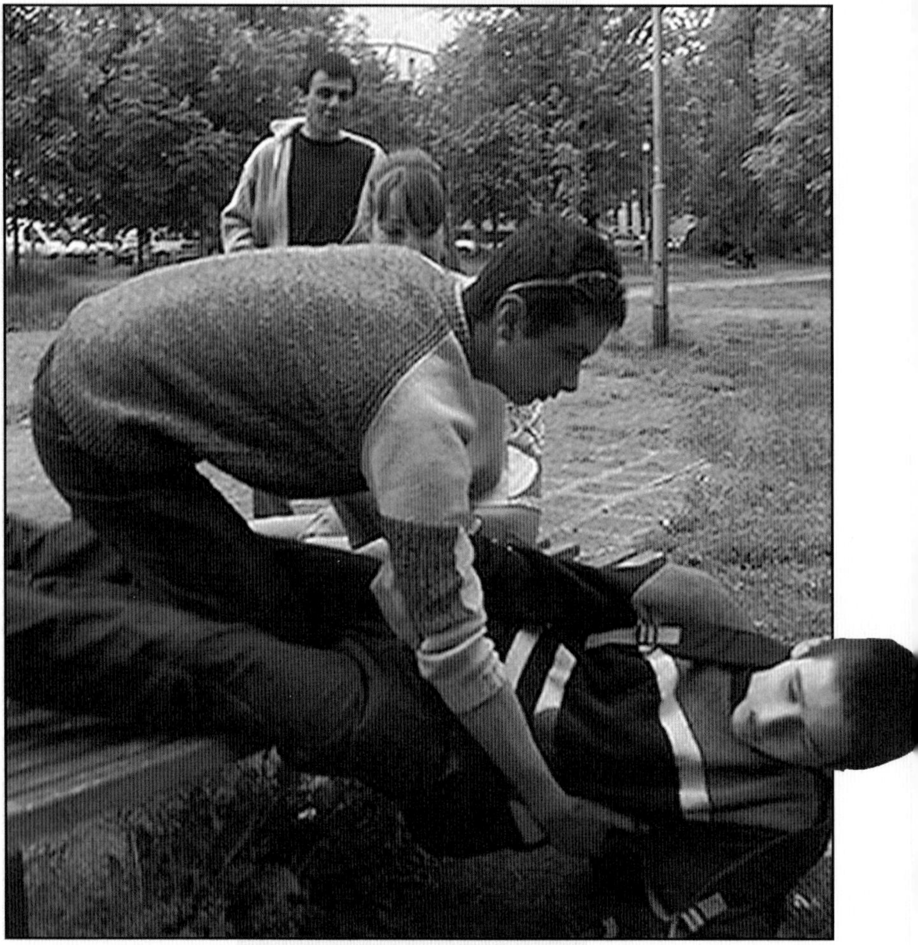

KAPITEL 2

Von Abhängigen und Schlägern

Keine Tür ist vor Joachim sicher – sobald ihm ein Wunsch verweigert wird, lässt er seine Wut durch Tritte und Schläge an Türen und Schränken aus. Lisa schmeißt sich dagegen heulend auf den Boden und schlägt wild um sich. Peter zieht sich bei Gegenwind zurück und macht Stimmung gegen uns Betreuer... Nicht selten machen uns unsere Klienten das Leben schwer: Ein Emotionsausbruch jagt den nächsten, haben wir den einen gerade beruhigt, dreht der nächste auf. Es gibt Tage, da fühlen wir uns mehr als „Raubtierbändiger" denn als Erzieher. Und mit einer zentralen Frage zermartern wir uns dann den Kopf: Was können wir noch tun?

2.1 Haltung bewahren

Das Ziel unserer Arbeit kann auf eine knappe Formel gebracht werden: Es gilt, gewalttätige Auseinandersetzungen zu verhindern, nicht gewalttätige Kinder und Jugendliche zu beherrschen. Unser Auftrag ist es, mit Einsicht und Verständnis für unsere Klienten berechenbare Vertrauenspersonen und Grenzsetzer zu sein. Unsere Arbeit richtet sich nach dem Motto: „Verstehen ohne einverstanden zu sein."

Unsere Klienten zeichnen sich durch eine sehr hohe negative Sozialkompetenz aus: Sie haben im Laufe ihrer Lebensgeschichte gelernt, Ziele zu erreichen, Bedürfnisse zu befriedigen und ihre soziale Umwelt dafür einzuspannen. Wir müssen nun das erlernte, sozial unangemessene Verhalten revidieren und durch sozial wünschenswertes Verhalten ersetzen. „Sie machen häufig das Falsche richtig gut." Das setzt voraus, dass wir uns Techniken erarbeiten, unsere Klienten kennen zu lernen, ihr Verhalten aus ihrer Lebensgeschichte heraus zu erklären, Potentiale zu erkennen und sie durch transparente und wertschätzende Intervention zu fördern.

Aber was müssen wir eigentlich alles über unsere Klienten wissen, um individuell auf sie eingehen zu können?

Zunächst müssen wir uns selber prüfen und fragen, mit welchem Grundverständnis wir an unseren Auftrag herantreten. Die Auseinandersetzung mit aggressiven und gewalttätigen Klienten und das Risiko, selbst Opfer eines Übergriffes zu werden, gehört zu unserem Berufsalltag. Können wir trotzdem Verständnis zeigen und der Person unabhängig von ihrem verurteilenswerten Verhalten Wertschätzung entgegen bringen? Können wir diese Frage bejahen, gilt es zu überlegen, welche Informationen über das individuelle Erleben und Empfinden unserer Klienten uns Ansatzpunkte für eine erfolgreiche Intervention eröffnen.

2.2 Eine Lerngeschichte

Lena liebt ihren Vater über alles. Wenn er ihr doch nur mehr Aufmerksamkeit schenken würde... Stattdessen ist er immer auf seinen Fernseher konzentriert, in dem unablässig Boxkämpfe und K1 laufen. Lenas Vater hält Wehrhaftigkeit für eine Tugend und erlaubt sich selber, seine Meinung mit Fäusten zu untermauern. Lena bewundert diese vermeintliche Stärke an ihrem Vater – keiner kann ihm etwas vormachen. Ihr Vater ist eine Respektsperson, nicht einmal ihre Mutter muckt auf. Gibt ihre Freundin ihr beim Spielen die Barbiepuppe nicht, nimmt Lena zunehmend die Faust, um ihren Anspruch zu verdeutlichen. Ihre Freundinnen begegnen ihr mit Angst – das macht Lena genauso stark wie ihren Vater. Und dieser nimmt die Beschwerden der anderen Eltern mit einer Mischung aus Gereiztheit und Stolz entgegen; seine Tochter ist ‚taff'. Um ihren Vater dies auch nur einmal sagen zu hören, ist Lena bereit, sich wehrhaft zu zeigen. Die Interaktion zwischen Lena und ihrem Vater verstärkt Lenas Tendenz, sich mittels Gewaltanwendung durchzusetzen.

Ist Lena nun Schuld an ihrem Verhalten? Es bietet sich nicht an, von Schuld zu reden, wohl aber von Verantwortung und der Möglichkeit zur Veränderung. Wissen wir um Lenas Lerngeschichte, so kann sowohl der Motor ihres Verhaltens, nämlich der Wunsch nach Aufmerksamkeit, als auch Lenas Strategie der Wunscherfüllung identifiziert werden. Wir können nun beginnen, Lenas Bedürfnis nach Aufmerksamkeit mit sozial angemessenen Mitteln zu befriedigen – und ihr so einen Weg eröffnen, ihre Wünsche mit sozial angemessenen Strategien zu erfüllen.

Nicht umsonst beginnt unsere Arbeit mit einer ausführlichen Diagnostik unserer Klienten. Die Diagnostik sollte nicht als negatives Label für unsere Klienten missverstanden werden. Vielmehr sollten wir sie als eine Art Eingangshypothese verstehen, auf deren Grundlage wir Interventionen ableiten, die unseren Klienten in ihrer Entwicklung helfen mögen. Das diagnostische Label einer ‚antisozialen Persönlichkeit', einer ‚gestörten Impulskontrolle', einer ‚Depression' ist für uns nichts anderes als eine prototypische Reduktion der Wirklichkeit: Bis wir unsere Klienten näher kennen gelernt haben und individuelle Maßnahmen ergreifen können, erlaubt uns die Diagnose typischerweise wirksame Interventionen einzuleiten.

Eine gute Diagnostik umfasst in jedem Fall Informationen zu ...

... körperlichen Variablen, darunter

- ✔ Alter
- ✔ Geschlecht
- ✔ allgemeiner Gesundheitszustand
- ✔ genetische Bedingungen (Erkrankungsvorkommen in der Familie, vor allem Alkoholabhängigkeit, Depression)
- ✔ Temperament
- ✔ Ethnie

... psychologische Variablen, darunter

- ✔ Klinische Störungsbilder (Depression, Phobien, Abhängigkeiten, Schizophrenie, ADHS...) und Persönlichkeitsstörungen
- ✔ Entwicklungs- und Intelligenzniveau
- ✔ Stressfaktoren wie Angst, Einsamkeit, mangelndes Selbstwertgefühl
- ✔ Störungen der Impulskontrolle sowie Aggression und Risikobereitschaft
- ✔ sexuelle Orientierung

... soziale Variablen, darunter

- ✔ kritische Lebensereignisse (Scheidung der Eltern, Tod naher Bezugspersonen, Krankheit ...)
- ✔ gesellschaftliche Unterstützung, Bezugspersonen in der sozialen Umwelt
- ✔ moralische und elterliche Wertsysteme
- ✔ soziale und kommunikative Kompetenz
- ✔ Religiosität
- ✔ Gruppenzugehörigkeit

Mithin ist es unsere Aufgabe, die bei unseren Klienten vorhandenen Defizite und Störungen in ihrer Wahrnehmung, ihrem Erleben, ihrer Empfindung und ihrer Bewertung aufzudecken und zu überlegen, aufgrund welcher Entwicklungsprozesse diese Defizite entstanden sein mögen (vgl. Abb. 2.1). Erst wenn wir ein Erklärungsmodell für das unangemessene Verhalten unserer Klienten gefunden haben, ergeben sich auch Ansatzpunkte für dessen Veränderung. Dabei ist zu prüfen, auf welche persönlichen Ressourcen unsere Klienten zurückgreifen können und welche Faktoren positiv auf ihre Entwicklung Einfluss nehmen.

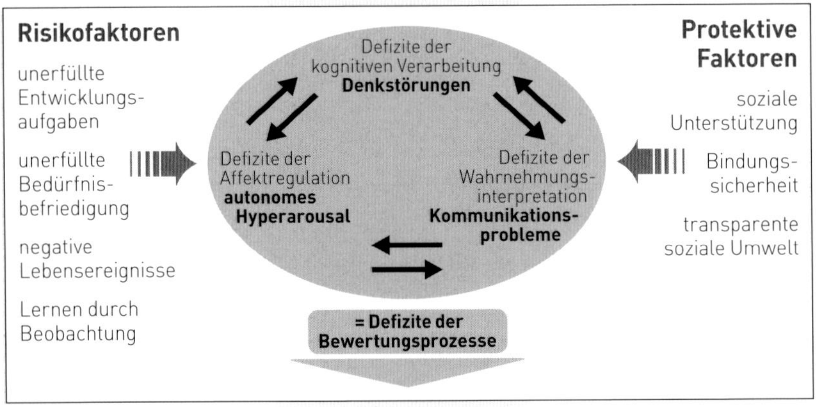

Abbildung 2.1: Zusammenstellung relevanter Einflussfaktoren (nach Resch 2004)

In den folgenden Kapitel werden zentrale Aspekte dieser Lerngeschichte vorgestellt, die es uns erlauben, unangemessene Verhaltensweisen zu verstehen und ein Modell zur Intervention abzuleiten.

KAPITEL **3**

Was uns Menschen antreibt ...

Mit triumphierendem Gesicht sitzt der 14-jährige Frank seinem Schuldirektor gegenüber, neben ihm verzweifelt seine Mutter. Jede Woche muss sie sich mittlerweile mit dem Direktor über ihren Sohn auseinandersetzen: Er schlägt seine Mitschüler, schikaniert die Mädchen, klaut. Seine Mutter kann sich dieses Verhalten nicht erklären: „Der Junge hat doch alles von uns bekommen. Jeden Mittag habe ich anständig für ihn gekocht, wir haben ihn immer nach der neuesten Mode gekleidet. Er hat ein eigenes Zimmer, einen Fernseher mit Playstation, einen eigenen Computer. Er bekommt Taschengeld. Warum also diese Ausbrüche von Gewalt?"

Franks Mutter hat nach eigener Aussage versucht, Franks Bedürfnissen gerecht zu werden. Doch welche Bedürfnisse und Motive leiten uns Menschen?

Abraham Maslow (1908 – 1970), Vertreter einer „Humanistischen Psychologie", versuchte dieser Fragestellung nachzugehen und das Verhalten von Menschen über zugrunde liegende Bedürfnisse und daraus abzuleitende Handlungsmotive zu erklären. Dabei entwickelte er ein System hierarchisch strukturierter Bedürfnisse, in dem die von Franks Mutter angesprochenen materiellen Versorgungs- und Sicherheitsaspekte nur einen Teil der möglichen Handlungsmotive ausmachen.

3.1 Die Bedürfnispyramide

Was ist überhaupt ein Bedürfnis? Ein Bedürfnis kommt durch einen vom Menschen empfundenen Mangel zustande, der vom Individuum als Spannung empfunden wird. Ein Mangelzustand wird im physiologischen Sinn als körperliche Empfindung erlebt, im psychologischen Sinn als Abwesenheit bestimmter Interaktionskontakte. Da der menschliche Organismus im Kern auf ein Streben nach Ausgleich programmiert ist, sind Mangelzustände Anlass, eine Gegenreaktion einzuleiten ...

... Der Hunger als Mangelzustand an Nahrungsmitteln wird in das Bedürfnis nach Nahrungsaufnahme übersetzt, dem durch das Essen zum Beispiel eines Apfels als Gegenreaktion nachgegeben wird.

... Die Müdigkeit als Mangelzustand an Schlaf führt zum Bedürfnis, sich in die weichen Kissen seines Bettes zu kuscheln und ins Reich der Träume zu entschwinden. Sobald das Individuum seinem Körper erlaubt, eine ausreichende Zeit zu schlafen, gilt das Bedürfnis als befriedigt.

Bedürfnisse und ihre Befriedigung beschreiben ein stetiges Wechselspiel von Spannung und Entspannung, von Mangel und Ausgleich. Solange ein Bedürfnis unbefriedigt ist und bleibt, motiviert und beeinflusst es unser Handeln.

Nach Maslows Theorie wird der Mensch in seinem Verhalten von fünf aufeinander aufbauenden, grundlegenden Bedürfnissen geleitet (vgl. Abb. 3.1). Die ersten vier der von Maslow postulierten fünf Bedürfnisstufen bezeichnet er als Defizitbedürfnisse, da für den Organismus ungünstige Folgen zu erwarten sind, solange die Bedürfnisse nicht befriedigt sind. Die Folgen reichen dabei von körperlichen Symptomen bis hin zu psychischen Auffälligkeiten – je nach individuellen Sozialisationsbedingungen. Das Auftreten eines Bedürfnisses hängt maßgeblich davon ab, ob ein anderes, vorherrschendes Bedürfnis bereits befriedigt ist. Ist ein Bedürfnis auf niedriger Stufe erfüllt, tritt das Bedürfnis auf nächsthöherer Ebene an seine Stelle. Insofern können Handlungsmotive nicht isoliert voneinander betrachtet werden – sie bauen aufeinander auf und bedingen sich gegenseitig.

Ebene 1 – physiologische Grundbedürfnisse: Auf der ersten handlungsleitenden Ebene siedelt Maslow die Befriedigung aller physiologischen Grundbedürfnisse wie Hunger, Durst, Schlaf und Sexualtrieb sowie den Wunsch nach warmem Wohnraum an. Die Befriedigung körperlicher Grundbedürfnisse wird vom Überlebenswillen des Menschen geleitet, der einen möglichen Mangelzustand auszugleichen versucht.

Ebene 2 – Bedürfnis nach Sicherheit: Lebt der Mensch körperlich unversehrt, so entwickelt sich ein Bedürfnis nach Sicherheit, das Stabilität, Ordnung und Struktur umfasst. Inkonsistenz und Ungerechtigkeit verunsichern den Menschen. Der Mensch braucht Anhaltspunkte, unter welchen Rahmenbedingungen er sich verhalten und entfalten kann: Er muss wissen, welches Regelsystem sein Leben ordnet, welchen Beschränkungen und Möglichkeiten seine Handlungen unterliegen. Erlebt der Mensch eine ständige Unsicherheit, wann eine Handlung Erfolg verspricht oder welches Verhalten wann akzeptiert und angemessen ist, so manifestiert sich seine Unsicherheit häufig in körperlichen Symptomen: Die ständige Wachsamkeit wird zu Müdigkeit, die stetige Herausforderung einer angemessenen Situationsinterpretation mag zu Kopfschmerzen führen, die Angst, ein fehlerhaftes Verhalten auszuwählen, „schlägt auf den Magen". Stabilität und Ordnung geben einen verlässlichen Handlungsrahmen vor, in dem der Mensch sich dann entsprechend seinen Handlungswünschen bewegen kann.

Dass Sicherheit als Bedürfnis direkt auf die Erfüllung der körperlichen Grundbedürfnisse folgt, hat auch für unsere alltägliche Arbeit eine enorme Bedeutung: Unsere Klienten brauchen einen festgelegten und verlässlichen Handlungsrahmen, der sich von einer festgelegten Tagesstruktur bis hin zur Transparenz aller einzuhaltenden Regeln erstreckt. Wir sollten hier auch nicht fürchten, zu viele Lebensbereiche per Regel zu gestalten. Der Mensch hat ein Grundbedürfnis nach Struktur – je eindeutiger und transparenter die strukturelle Ordnung, desto handlungssicherer werden unsere Klienten. Wichtig allerdings ist, dass die von uns per Regel definierten Rahmenbedingungen von Verhalten auch konsequent eingehalten werden. Das Bedürfnis nach Sicherheit beinhaltet nämlich nicht nur, dass es überhaupt eine Ordnung oder eine Struktur gibt, sondern dass diese auch verlässlich ist und somit unsere Handlungsoptionen bestimmt. Überspitzt formuliert ist unser Wunsch, eindeutige Einrichtungs- und Verhaltensregeln festzulegen und diese konsequent über Sanktionsmaßnahmen einzuhalten, eine erzieherische Maßnahme, die sich auf den grundlegenden menschlichen Bedürfnissen gründet. Folglich sollten wir uns zwar Gedanken darüber machen, ob und welche Struktur in der Einrichtung gewollt ist, aber vor allem sollten wir gewährleisten, dass die von uns erdachte Struktur für unsere Klienten ersichtlich ist und damit handlungsleitend werden kann.

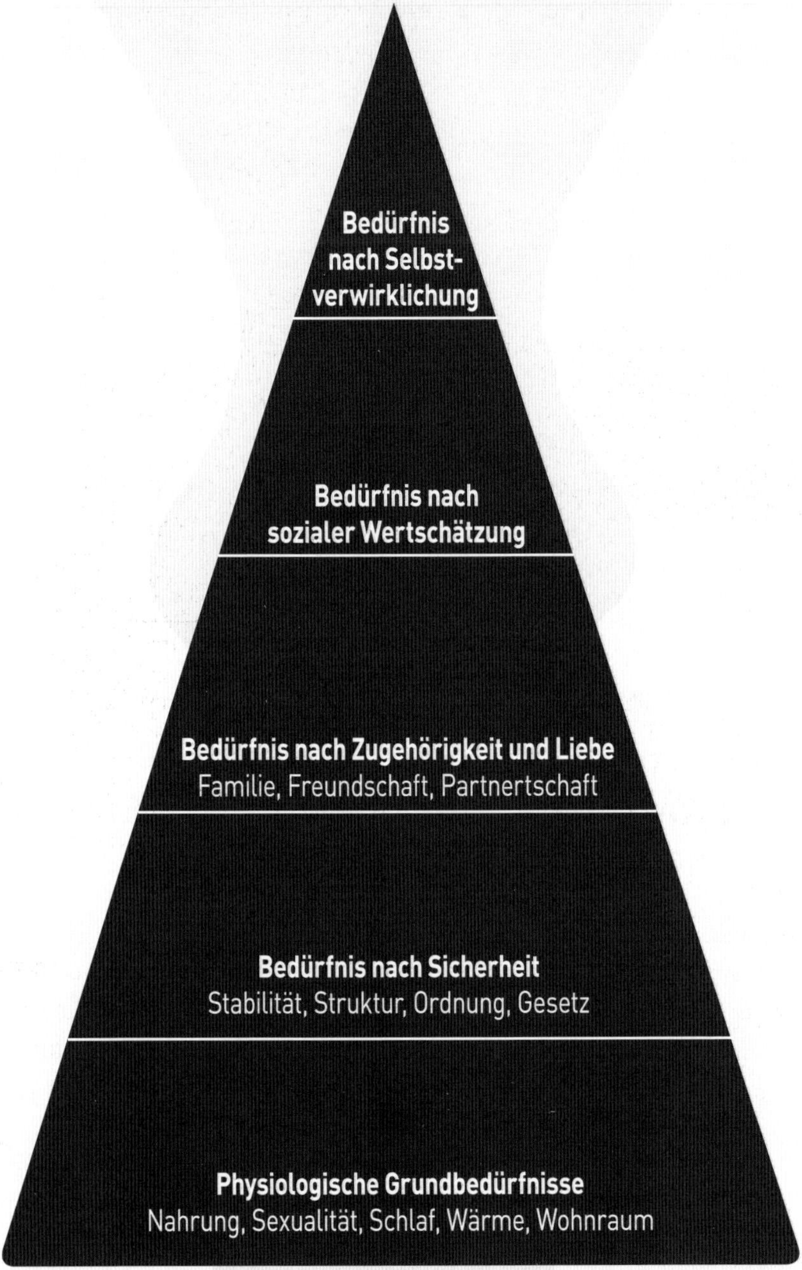

Abbildung 3.1: Bedürfnispyramide nach Abraham Maslow

Ebene 3 – Bedürfnis nach Zugehörigkeit und Liebe: Ist ein konsistenter Lebens- und Handlungsrahmen geschaffen, sehnt sich der Mensch nach Zugehörigkeit und Liebe. Dieses von Maslow als Anschlussmotiv bezeichnete Bedürfnis umfasst den Wunsch nach einer vertrauensvollen und verlässlichen Familienbindung, nach einem Lebenspartner und nach einem stabilen Freundeskreis. Das Anschlussmotiv kann zusammenfassend als Bedürfnis nach Intimität und Kommunikation beschrieben werden. In der Psychologie wird das Bedürfnis nach Zugehörigkeit und Liebe als ein zentrales Moment in der Entwicklung von sozial unangemessenem Verhalten und Persönlichkeitsstörungen diskutiert. Dieser Aspekt wird nachfolgend noch ausführlich aufgegriffen.

Ebene 4 – Bedürfnis nach sozialer Wertschätzung: Ist ein soziales Netzwerk geschaffen, strebt der Mensch nach Wertschätzung und Geltung. Respekt, Anerkennung, Prestige, Status, Ruhm und Macht leiten und motivieren sein Verhalten.

Ebene 5 – Bedürfnis nach Selbstverwirklichung: Als ein hohes Bedürfnisniveau entwickelt der Mensch die Tendenz zur stetigen Weiterentwicklung und Selbstentfaltung. Erst wenn alle Defizitbedürfnisse befriedigt sind, begibt sich der Mensch auf die Suche nach seiner Individualität. In diesem Zusammenhang beginnt er zu überlegen, welche Aspekte seine Persönlichkeit bestimmen, welche Talente und Fähigkeiten in ihm schlummern und geweckt werden wollen und nach welchem Ideal er streben will. Das, was wir gemeinhin als Persönlichkeitsentwicklung und Selbstverwirklichung bezeichnen, setzt demnach viel voraus: Ein strukturiertes Leben in einem wertschätzenden sozialen Umfeld, das Anerkennung für Leistungen und Kompetenzen vermittelt. Selbstverwirklichung setzt, auf eine knappe Formel reduziert, persönliche Ausgeglichenheit voraus.

Diese Tatsache mag uns in unserer alltäglichen Arbeit als Warnung dienen: Bestimmte Entwicklungsschritte können wir unseren Klienten nicht direkt abverlangen. Zunächst stehen für die meisten unserer Klienten Bedürfnisse der zweiten und dritten. Ebene im Vordergrund. Die Frage nach persönlichen Wertvorstellungen und Idealen, die Frage nach Zukunftswünschen, nach Träumen und Erlebnissen kommt für viele unserer Klienten zu Beginn einer Betreuung schlicht zu früh. Zunächst muss die Basis geschaffen werden, auf der unsere Klienten für sich das Bedürfnis nach einer Selbstverwirklichung überhaupt erleben können.

3.2 Ein Erklärungsmodell für sozial unangemessenes Verhalten

Der Drogensumpf, Schlägertypen, notorische Taschendiebe – wie schnell wird für sozial unangemessenes, ja sogar kriminelles Verhalten die Erklärung einer gestörten Persönlichkeit herangezogen. Wie es Rainer Sachse (2006) aber treffend auf eine Formel bringt: „Störungen, die allgemein als Persönlichkeitsstörungen bezeichnet werden, sind eines nicht: Persönlichkeitsstörungen." Die Kinder und Jugendlichen, die wir in unserer alltäglichen Arbeit betreuen, zeichnen sich nicht durch eine tiefgreifende Fehlentwicklung der Persönlichkeit aus, besitzen keine unveränderbaren Persönlichkeitsanteile, die viel zu schnell psychopathisch oder abartig genannt werden. Vielmehr haben wir es mit Menschen zu tun, deren Bedürfnisse nach Liebe, Zuneigung und sozialer Wertschätzung in ihrer bisherigen Lebensgeschichte nur bedingt oder sogar gar nicht bedient worden sind. Daraus haben sich, Sachse zufolge, Störungen der Interaktion, der Beziehung oder der Beziehungsgestaltung ergeben. Diejenigen, die wir lapidar als gestört definieren, versuchen einen zentralen Mangelzustand, ein grundlegendes Bedürfnis auszugleichen. Sozial unangemessenes Verhalten ebenso wie diagnostizierbare Persönlichkeitsstörungen entstehen nach Sachse als Lösungsversuch für nicht erfüllte Beziehungsbedürfnisse. Das Verhalten unserer Klienten ist zusammenfassend durch Bedürfnisbefriedigung motiviert.

Zentrale Beziehungsbedürfnisse sind:

✔ **Bedürfnis nach Anerkennung, Wertschätzung und positiver**

Definition: Individuelle Fähigkeiten und Kompetenzen werden von der sozialen Umwelt als wichtig und gut erachtet; man wird als Person mit allen Stärken und Schwächen akzeptiert und wertgeschätzt.

- ✔ **Bedürfnis nach Wichtigkeit/Bedeutung:** Das Individuum wünscht, im Leben einer anderen, in der sozialen Umwelt zentralen Person (Eltern, Beziehungspartner, „bester Freund/beste Freundin") eine wichtige Rolle zu spielen; das Bedürfnis bezieht sich auf den Aufbau einer engen und vertrauensvollen Bindung zu mindestens einer anderen Person, in der das Individuum Aufmerksamkeit bezieht.
- ✔ **Bedürfnis nach verlässlicher Beziehung:** Eine Beziehung soll andauernd, berechenbar und beständig sein. Das Individuum strebt nach einer Bindung, auf die es sich verlassen kann. Darunter fällt auch das Vertrauen in das Einhalten von Absprachen sowie das Vertrauen, eine unveränderbar wichtige Position in der Beziehung einzunehmen.
- ✔ **Bedürfnis nach solidarischer Beziehung:** Eine Beziehung soll nicht nur verlässlich sein, sondern auch Hilfe und Unterstützung in entsprechenden Notfallsituationen bieten. Das Individuum muss sich sicher sein, dass jemand an seiner Seite ist und für ihn einsteht.
- ✔ **Bedürfnis nach Autonomie:** Jedes Individuum strebt danach, eigene, freiheitliche Entscheidungen zu treffen und sich so eigene, manchmal auch von der sozialen Umwelt isolierte Lebensbereich zu schaffen. Unter das Bedürfnis nach Autonomie fällt auch die Möglichkeit, eigene Erfahrungen machen zu dürfen – selbst wenn sich diese Erfahrungen als negativ herausstellen. Eng mit dem Wunsch nach Autonomie verknüpft ist der Wunsch, dass die soziale Umwelt die eigenen Entscheidungen respektieren und akzeptieren möge sowie das Vertrauen in die eigenen Fähigkeiten und Kompetenzen des Individuums, die neuen Erfahrungen erfolgreich zu meistern.
- ✔ **Bedürfnis nach Unverletzlichkeit der eigenen Grenzen:** Neben dem Respekt vor individuellen Entscheidungen besteht auch ein Bedürfnis nach Respekt der individuellen Grenzen. Damit ist zum einen gemeint, dass dem Individuum keine fremden Entscheidungen aufgedrängt werden, zum anderen aber auch die Wahrung der Privatsphäre.

Abbildung 3.2: Verhalten als Produkt von Bedürfnis und Kompetenz

Eine ideale kindliche Entwicklung würde diese Beziehungsbedürfnisse alle gleichermaßen bedienen. Hat ein Kind beispielsweise ein starkes Bedürfnis nach Wichtigkeit, so wird es versuchen, die Aufmerksamkeit einer Beziehungsperson auf sich zu ziehen, von ihr wahr- und ernstgenommen zu werden und positive Rückmeldung zu seiner Person und seinen Fähigkeiten zu bekommen. Das Kind wird ein Verhalten zeigen, das beim Gegenüber all diese Reaktionen hervorruft. Im Idealfall braucht das Kind sich dazu nur authentisch zu verhalten und dem Gegenüber deutlich machen, dass ein Mangel an Aufmerksamkeit herrscht.

Wie das Kind seinem Wunsch Ausdruck verleiht, hängt maßgeblich von den Verarbeitungs- und Handlungskompetenzen ab, die dem Kind zu diesem Zeitpunkt zur Verfügung stehen. Verarbeitungskompetenzen beziehen sich auf die Fähigkeit, eine soziale Situation zu analysieren, ihren Kontext zu verstehen und eigene Ziele damit zu verknüpfen, aber auch die Motive und

Handlungswünsche eines Gegenübers abzuleiten. Handlungskompetenzen beschreiben dagegen die Kenntnisse und das Wissen über geeignete Handlungsstrategien, also über Verhaltensweisen, um eigene Ziele zu erreichen. Das Produkt aus Verarbeitungs- und Handlungskompetenzen bestimmt, welches Verhalten das Kind nach außen zeigen wird.

Wo kommen aber nun die Verarbeitungs- und Handlungskompetenzen her?

Verarbeitungs- wie auch Handlungskompetenzen sind, Sachse (2006) zufolge, eine Typisierung bestimmter, aus der biographischen Erfahrung einer Person stammenden Grundannahmen über die Funktionsweise von sozialen Beziehungen. In der Psychologie werden diese prototypischen Abstraktionen von Wissen „Schema" genannt. Schema sind also Wissensstrukturen, die generalisierte Informationen über ein bestimmtes Objekt, eine bestimmte Person, bestimmte Verhaltensweisen und Konzepte, kurz einen konkret umrissenen Reiz unserer Umwelt, enthalten. Nehmen wir diesen Reiz wahr, wird im Gehirn automatisch das entsprechend angelegte Schema aktiviert und alle zugehörigen Informationen sind zur Verarbeitung und Auswahl von Verhaltensstrategien verfügbar.

Entscheidend für das Verständnis von sozial unangemessenem Verhalten ist die Frage, welche Schemata eine Person über sich selbst und mögliche soziale Beziehungen herausgebildet hat. Das so genannte Selbstschema enthält den Selbstwert einer Person sowie alle Überzeugungen des Individuums über seine Kompetenzen, Fähigkeiten und Wirkungen auf andere. Das Beziehungsschema erfasst ergänzend alle Überzeugungen, welchen Wert eine soziale Beziehung aufweist und wie andere gegenüber dem Individuum eingestellt sind. Im Idealfall kann das Individuum eine recht realistische Einschätzung seiner selbst vornehmen und erfährt, dass es in sozialen Beziehungen so akzeptiert wird, wie es ist.

Es darf verallgemeinert angenommen werden, dass unseren Klienten eine solch ideale Entwicklung nicht ermöglicht werden konnte: im Gegenteil. Es ist vielmehr anzunehmen, dass die Mehrzahl der hier skizzierten Beziehungsbedürfnisse nicht oder nur sehr unvollständig erfüllt wurden. Die so gesammelte Erfahrung führt zur Ausbildung negativer Selbst- und

Beziehungsschemata. Die Lebensgeschichten unserer Klienten zeigen nur zu oft, dass sie sich mit einer konsistenten negativen Rückmeldung konfrontiert sahen, aus denen sich ein Selbstschema mit der Überzeugung herausgebildet hat, nicht wertvoll für andere zu sein, anderen nichts bieten und andere nicht für sich einnehmen zu können. Unsere Klienten haben Beziehungen als unzuverlässig erlebt, haben erfahren müssen, dass sie in Beziehungen in ihren Bedürfnissen nicht ernst genommen werden und keinerlei Einfluss auf die Gestaltung der Beziehung nehmen können.

Damit befinden sie sich zusammenfassend in einem ziemlich paradoxen Teufelskreis: Sie erleben ein starkes Bedürfnis nach Selbstwert und Beziehung, das ihre Handlungen motiviert, aber gleichzeitig sind sie davon überzeugt, als Person nicht wichtig sein zu können und damit keine Chance auf verlässliche und wertschätzende soziale Kontakte zu haben. Unser Organismus ist darauf ausgerichtet, Spannungen abzubauen und Mangelzustände auszugleichen. Das bedeutet, dass das Verhalten unserer Klienten im Kern darauf ausgerichtet ist, ein Bedürfnis zu befriedigen – und zwar durch Verhaltensweisen, die Menschen der sozialen Umwelt dazu zwingen, entsprechend des Bedürfnisses zu reagieren. Hat ein Kind die Erfahrung gemacht, seine Eltern eher zu stören und ein entsprechendes negatives Selbstbild „Ich bin nicht wichtig" entwickelt, so wird es austesten, welches Verhalten dennoch dazu führt, dass die Eltern ihm Aufmerksamkeit schenken: Sei es durch außergewöhnliche Leistung, sei es durch ständiges Stören, sei es durch aggressives und gewalttätiges Verhalten, das von den Eltern eine (negative) Aufmerksamkeit in Form einer Sanktion herausfordert. Sachse weist darauf hin, dass ein Kind bei konsistent fehlender Bedürfnisbefriedigung manipulative Verhaltensstrategien lernen muss, um wichtige Beziehungsziele zu erreichen, die die soziale Umwelt nicht freiwillig zu erfüllen bereit ist. Manipulative Verhaltensstrategien sind das Ergebnis eines Prozesses von „Versuch und Irrtum": Das Kind testet gemäß seiner Kompetenzen und Fähigkeiten unterschiedliche Möglichkeiten aus, die die gewünschte Reaktion beim Gegenüber auslösen. Führt ein bestimmtes Verhalten stets zu der gleichen Reaktion, so wird dieses in das Handlungsrepertoire aufgenommen und als scheinbar effektives Verhalten eingesetzt.

Und schon wieder entsteht ein fast nicht aufzulösendes Paradoxon: Das Verhalten des Kindes ist für die soziale Umwelt nicht transparent. Da authentisches Verhalten des Kindes nicht dazu führt, dass Beziehungsbedürfnisse ernst genommen und gestillt werden, entwickelt das Kind Strategien, die das Bedürfnis nicht offensichtlich ansprechen, sondern sozusagen „heimlich" bedienen. Kurz: Die soziale Umwelt ist mit Verhalten konfrontiert, dessen Motive nicht direkt ersichtlich sind. Folglich fällt es der sozialen Umwelt schwer, mögliches unangemessenes Verhalten zu erklären und entsprechend einzuwirken.

Zumeist funktioniert das von den Kindern als Lösungsmöglichkeit eingesetzte strategisch-manipulative Verhalten sehr gut: Ist das Bedürfnis nach Wichtigkeit beispielsweise nicht erfüllt, so mag das Kind sich der Strategie bedienen, psychosomatische Krankheitssymptome zu entwickeln. Die Eltern schenken dem ‚kranken Kind' die gewünschte Aufmerksamkeit. Das Kind kann sein Bedürfnis nach Wichtigkeit befriedigen – allerdings nur durch ein strategisch-manipulatives Verhalten. Davon abgesehen hält die Bedürfnisbefriedigung nur so lange an, wie das Kind dieses strategisch-manipulative Verhalten auch wirklich zeigt: sobald das Kind wieder genesen ist, fällt die Aufmerksamkeit der Eltern wieder weg und das Bedürfnis nach Wichtigkeit beherrscht wiederum die Verhaltensmotivation. Die meisten Strategien, die soziale Umwelt zu gewünschten Reaktionen zu bewegen, sind nur kurzfristig erfolgreich und müssen deswegen stetig eingesetzt werden. Die Konsequenz ist offensichtlich: Das unangemessene Verhalten wird unbewusst immer wieder herausgefordert und damit verstärkt.

Frank ist in einen solchen Teufelskreis hineingeraten. Trotz der wohlgemeinten Behandlung durch seine Eltern ist Franks Verhalten maßgeblich durch ein zentrales Bedürfnis bestimmt: Er lechzt nach liebevoller Aufmerksamkeit. Franks Verhalten ist durch den Wunsch motiviert, dass er für seine Mutter eine wichtige Person darstellt. In Gesprächen mit Frank wird deutlich, dass Frank von frühester Kindheit an kaum Aufmerksamkeit von seinen Eltern, speziell von seiner Mutter, bekommen hat. Alle liebevollen Signale wie das Vorlesen von Gute-Nacht-Geschichten, das gemeinsame Spiel, das gemeinsame Basteln und Fußballspielen, das gemeinsame Durchsehen von Bilderbüchern musste Frank schmerzlich vermissen. Bei Krankheit brachte die Mutter Frank stets zur Großmutter, weil sie sich dem Umgang mit einem kränkelnden Kind nicht gewachsen fühlte. Frank zeigte jedoch eine eiserne Gesundheit – eine Gegenreaktion auf die abwehrende Haltung der Mutter im Fall von Krankheit. Stattdessen erregte Frank Aufmerksamkeit durch das Werfen von Bauklötzen, durch das Zerstören von Spielzeug, im Kindergarten durch das Schlagen anderer Kinder. Frank lernte, dass eine Reaktion im Sinne seines Bedürfnisses nach Aufmerksamkeit nur dann erfüllt wurde, wenn er ein sozial unangemessenes, von der Außenwelt über seine Mutter sanktioniertes Verhalten zeigte. Nach einem Gespräch beim Schuldirektor verbringt die Mutter den Nachmittag mit Frank: Sie redet mit ihm, versucht herauszufinden, was seine Wut heraufbeschworen hat, worin der Anlass der Schlägerei liegt, warum er seine Wut nicht kontrollieren kann. Frank zuckt bei solchen Gesprächen nur mit den Schultern – bis seiner Mutter die Tränen in die Augen schießen und sie ihm versichert, wie wichtig er ihr sei und sie doch nicht tatenlos seinem Verfall zusehen könne. Dieses Signal von Wichtigkeit erfüllt Frank in den nächsten paar Tagen – bis er wieder feststellen muss, dass seine Mutter nach der Schule nicht nach den Ereignissen des Tages fragt, bis er wieder erfahren muss, dass seine Mutter den Namen seines Kumpels nicht weiß, bis schon wieder deutlich wird, dass seine Mutter von seinen Interessen „keinen blassen Schimmer" hat. In seinem Wunsch nach liebevoller Aufmerksamkeit ist Frank zum Schläger geworden.

Merkt Frank denn nicht, dass er Teil des Problems ist?

Die Antwort kann – wenn auch ohne Analyse aller Einzelfälle – auf eine knappe Formel gebracht werden: in der Regel nicht! Zunächst scheinen die strategisch-manipulativen Verhaltensweisen erfolgreich. Die Beziehungsbedürfnisse werden durch die Gegenreaktion des Gegenübers gestillt und so gewinnt die Person den Eindruck, sich richtig zu verhalten. Gleichzeitig aber reagiert die soziale Umwelt zunehmend zurückhaltend, wenn nicht sogar genervt auf die Person, unangemessene Verhaltensweisen verstärken sich und führen zu Problemen in der Schule oder sogar mit dem Gesetz, es bilden sich psychische Störungen wie Ängste, Depressionen oder Abhängigkeiten heraus. Manipulation hat ihren Preis. Dieser wird zwar von der Person wahrgenommen, aber der Rückschluss, dass diese negativen Folge- oder Nebenwirkungen selbst verursacht sind, gelingt nicht. Aufgrund der zunächst positiven Rückmeldungen für das sozial unangemessene Verhalten werden unangenehme Konsequenzen nicht als selbstverschuldet definiert, sondern der sozialen Umwelt oder äußeren Einflüssen zugeschrieben. Sachse (2006) bringt die aus diesem Kreislauf zu ziehende Schlussfolgerung auf den Punkt: „Die Person lernt nicht aus Kosten oder aus negativem Feedback. Sie macht ständig negative Erfahrungen, aber diese führen nicht dazu, dass sie ihre Schemata oder Strategien revidiert, ja sie führen nicht einmal dazu, die Person dazu zu veranlassen, über Schemata oder Strategien nachzudenken. Was immer auch passiert und was immer auch schief geht, die Person wird sich nie veranlasst fühlen, ihr System zu revidieren."

Für unsere alltägliche Arbeit bedeutet dieser logische Schluss, dass wir keine Änderungsmotivation bei unseren Klienten erwarten dürfen, sondern die Entwicklung von Änderungsmotivation Teil unseres Auftrages sein muss. Unsere Arbeit verlangt, dass wir die Motive hinter dem sozial unangemessenen Verhalten erkennen lernen und die Manipulation durchschauen. Dazu ist es unabdinglich, dass wir in unserem tagtäglichen Umgang mit unseren Klienten „auf Verdacht" versuchen, alle möglichen Beziehungsbedürfnisse zu bedienen. Was unsere Klienten brauchen, ist wertschätzende Aufmerksamkeit, den Respekt vor eigenen Entscheidungen und Grenzen im Rahmen der vorgegebenen Struktur sowie das Gefühl ernst und angenommen zu werden. Entscheidend ist, dass wir unseren Klienten unabhängig von ihrem unangemessenen Verhalten positive Rückmeldung schenken und sie in ihrer Persönlichkeit wertschätzen. In der neuen Erfahrung, dass sie als Person unabhängig von ihrem Verhalten akzeptiert werden, ist eine Basis für die Veränderung von sozial nicht funktionalen und manipulativen Verhalten geschaffen worden.

3.3 Zum Aufdecken von Einstellungen – eine Übung

Die Wahrscheinlichkeit, dass unsere Klienten so selbstreflektiert mit uns kommunizieren, dass unerfüllte Beziehungsmotive sofort offensichtlich werden, ist gleich null. Wir müssen lernen, in den Verhaltensweisen unserer Klienten zu lesen und auf zugrunde liegenden Bedürfnissen rückschließen lernen. Dazu mag die folgende Übung einige wertvolle Hinweise liefern. Ziel der Übung ist es, in einer Gruppe von Klienten einen Überblick über die jeweilige persönliche Einstellung zu aktuellen und/oder relevanten Themen zu erhalten.

Übungsaufbau

Zwei Leitungspersonen stellen sich in die gegenüberliegenden Ecken eines Raumes und verkörpern jeweils einen von zwei Polen, extreme Einstellungen, die mit einem ausgewählten Thema verbunden sind. Beim Thema Gewalt beispielsweise könnten diese zwei Pole als „Ich habe noch nie jemand anderen geschlagen" versus „Ich schlage regelmäßig andere" benannt werden, beim Thema Selbstkontrolle könnten die zwei Polen mit „Ich werde nie wütend" versus „Ich flippe immer direkt aus" dargestellt werden. Die Themenauswahl kann ganz gezielt auf Beziehungsbedürfnisse ausgelegt werden: Die Frage nach gemeinsamen Familienausflügen beispielsweise kann einen Hinweis auf das Bedürfnis nach Wichtigkeit geben, die Frage, ob die Mutter ein offenes Ohr für Probleme mit den Hausaufgaben hatte, einen Hinweis auf solidarische Beziehungen.

Aufgabe der Teilnehmer ist es, sich entlang der gedachten Linie zwischen den Polen dahin zu positionieren, wo sie ihrer persönlichen Einstellung Ausdruck geben können. Dazu sollen die Teilnehmer möglichst ohne zu sprechen eine Zeit lang zwischen den beiden Polen hin- und hergehen und so nachspüren, wo sie sich mit ihrer Meinung am wohlsten fühlen. Wenn alle ihren Standpunkt gefunden haben, ergibt sich ein Meinungsbild zum gestellten Thema. Die persönliche Meinung im Vergleich zu anderen Mitgliedern der Gruppe kann in einem persönlichen Gespräch mit dem Klienten noch einmal aufgegriffen werden, um weitere Hinweise über die mögliche Handlungsmotivation zu gewinnen.

Diese Übung verlangt ein paar einführende Worte: Es ist wichtig darauf hinzuweisen, dass alle Teilnehmer auch bei unangenehmen oder peinlichen Themen ehrlich zu sich sein sollten und dass die persönliche Meinung von der Gruppe ohne Diskussion akzeptiert wird. Nur so ist es möglich, eine grundlegende Ehrlichkeit während der Übung zu gewährleisten.

Auf einen Blick

- Unser Verhalten wird durch Bedürfnisse motiviert, die Ausdruck eines vom Körper auszugleichenden Mangelzustandes sind.
- Das Bedürfnis nach Sicherheit, das vor allen Dingen den Wunsch nach Struktur, Ordnung und Regeln beinhaltet, ist ein sehr grundlegendes menschliches Verhaltensmotiv. Nur wenn die Rahmenbedingungen von Verhalten verlässlich und vorhersehbar sind, können angemessene Handlungsweisen entwickelt und gefördert werden.
- Zur Erklärung von sozial unangemessenem Verhalten kann eine unzureichende Befriedigung von so genannten Beziehungsbedürfnissen dienen. Der Wunsch nach Wichtigkeit, Anerkennung, verlässlichen und solidarischen Beziehungen, Autonomie und Respekt eigener Entscheidungen und Grenzen motivieren unseren Umgang mit einem Gegenüber. Gelingt es dem Menschen nicht, seine Beziehungsbedürfnisse in sozialen Kontakten durch authentisches Verhalten zu befriedigen, entwickelt er manipulative Verhaltensstrategien zur Bedürfnisbefriedigung.
- Da manipulative Verhaltensstrategien nur kurzfristigen Erfolg zeigen,setzt der Mensch das Verhalten immer wieder ein, um den gewünschten Effekt zu erzielen – damit verfestigt sich das Verhalten.

Wollen wir unsere Klienten bei ihrem Versuch der Veränderung effektiv unterstützen, so ist es wichtig, ihre Beziehungsbedürfnisse zu kennen und sie unabhängig von ihrem bisherigen Verhalten zu unterstützen. Werden ihre Beziehungsbedürfnisse ohne ihr Zutun in ihrer sozialen Umwelt erfüllt, verlieren die manipulativen Strategien ihren Nutzen. Werden die manipulativen Strategien zusätzlich sanktioniert, ist die Basis einer Veränderung geschaffen.

Literaturnachweis

Sachse, R. (2006). Persönlichkeitsstörungen verstehen – Zum Umgang mit schwierigen Patienten. Psychiatrie-Verlag GmbH, Bonn.

Petri, H. L. (1996). Motivation: Theory, Research and Application. Wadsworth, Belmont, CA:.

KAPITEL 4

Wie kommt das Wissen ins Gehirn?

Bernd hat schon wieder zur Flasche gegriffen – wieder nachdem sein Vater ihn aufgrund einer Nichtigkeit windelweich geschlagen hat. Bernd kommt einmal die Woche, um zu lernen, sich nach einer Auseinandersetzung mit seinem Vater nicht bis zur Besinnungslosigkeit zu betrinken, sondern seine Wut, seine Enttäuschung, seine Scham mit einem guten Freund zu diskutieren und sich danach beim Sport abzureagieren. In den wöchentlichen Sitzungen überrascht Bernd häufig dadurch, wie differenziert er seine Gefühle beschreiben, wie gut er die Mechanismen, die seinen Vater und ihn beherrschen darstellen und Alternativen ableiten kann. Und doch: Sobald Bernds Vater sich an Bernd vergriffen hat, sind all die mühsam erarbeiteten Handlungsalternativen wie vergessen und der Griff zur Flasche eine Selbstverständlichkeit. Warum fällt es Bernd so schwer, auf seine neuen Erfahrungen zurückzugreifen?

Das Wissen um alternative Handlungsmöglichkeiten führt anscheinend allein noch nicht dazu, dass neue Verhaltensalternativen angewandt werden. Die Handlungsmöglichkeiten müssen für Bernd in einer Konfliktsituation als selbstverständliches Verhalten zu Verfügung stehen. Doch wie ist zu erreichen, dass Bernd statt den nächsten Supermarkt seinen Kumpel aufsucht? Wie wird Wissen im Gehirn überhaupt organisiert? Wie gelangen wir vom Kennen zum Können?

4.1 Auf der Suche nach angenehmen Erfahrungen

Wir haben gesehen, dass unser Organismus von Bedürfnissen motiviert wird. Diese Motivation ist im Kern der Versuch, einen Mangelzustand auszugleichen. Die Funktionsweise unseres Organismus ist verallgemeinert darauf ausgerichtet, Mangel und Schlechtes zu vermeiden oder andersherum formuliert: unser Organismus strebt nach dem, was gut für ihn ist. Doch woher weiß unser Organismus, was gut für ihn ist?

Die Entscheidung über „gut" oder „schlecht", über „angenehm" oder „unangenehm" ist zunächst keine Entscheidung, die wir mit rationaler Überlegung treffen. Vielmehr entscheidet unser Organismus aufgrund seiner im Rahmen der Evolution gespeicherten genetischen Programme. Und diese wägen körperliche Veränderungen gegeneinander ab, die in millisekundenschnelle im Gehirn interpretiert und mit Bedeutung belegt werden. Kurz: „Gut" ist, was im Sinne einer Befriedigung evolutionär entstandener Ziele und Bedürfnisse wirkt, also entweder einen Mangelzustand beseitigt, einen positiven Körperzustand erhält oder einen positiven Zustand verstärkt, „schlecht" ist, was einen Mangel und Körperreaktionen hervorruft, die als Stress, Schmerz oder Spannung erlebt werden. Nicht nur in der psychologischen Fachsprache wird ein Reiz als Belohnung bezeichnet wenn er wünschenswert ist, als Bestrafung, wenn er aversiv empfunden wird. Das Prinzip von Belohnung und Bestrafung ist das Grundkonzept jeder Erziehung.

Doch wirkt das Konzept von Belohnung und Bestrafung?

Unser Organismus tendiert zu rationalem Verhalten – rational allerdings nicht im Sinne einer wohlüberlegten Entscheidung bei Kenntnis und dem Abwägen aller bekannten Argumente, sondern im Sinne des höchsten zu erwartenden positiven Effekts. Aus dem Wissen um die Regelmäßigkeit von gemeinsam auftretenden Reizen in der Umwelt (= Kontingenz) wählt unser Organismus automatisch dasjenige Verhalten aus, das den meisten Nutzen verspricht. Zur Entscheidung reicht es allerdings nicht aus, lediglich um die Kontingenz von Reizen zu wissen. Auch der Wert, der als Konsequenz des Verhaltens zugewiesen wird, muss bekannt sein. Einigen Menschen hilft es bei Kummer beispielsweise ein dickes Schokoladeneis mit viel Sahne zu essen. Nach dem Eis fühlen sie sich wohler – der Organismus könnte so einen unangenehmen Zustand von Unausgeglichenheit beheben. Ob wirklich der Gang zur nächsten Eisdiele angetreten wird, hängt allerdings maßgeblich davon ab, wie die Konsequenzen des Eisgenusses bewertet werden: Zum einen ist zu bedenken, dass das Eis bei der Bewältigung von Kummer Hilfe verspricht; kurzfristig scheint das Eis das Mittel der Wahl. Zum anderen darf aber nicht vergessen werden, dass ein Schokoladeneis mit Sahne sich durchaus direkt auf den Hüften bemerkbar machen kann. Je nachdem, wie die individuellen Bewertungen für mögliche Konsequenzen ausfallen, wird der Organismus reagieren. Hilft das Schokoladeneis auch dieses Mal wieder aus der emotionalen Krise, so wird es als effektives Verhalten im Verhaltensrepertoire gespeichert. Wird ein Verhalten derartig belohnt, so spricht man von positiver Verstärkung.

Die Regelmäßigkeit und Stetigkeit positiver Verstärkung, die auf ein Verhalten folgt, bestimmt, ob ein Organismus das Verhalten auch in nachfolgenden ähnlichen Situationen zeigt. Lernen von Verhalten verläuft demnach als Wechselspiel von Wissen und Verstärkung: Im Laufe unserer Entwicklung lernen wir unterschiedliche Verhaltensmöglichkeiten kennen, erarbeiten uns also Wissen um mögliche Reaktionsmöglichkeiten in unterschiedlichen Situationen. Bleiben wir bei dem Beispiel der Kummerbewältigung, dort haben wir als Alternativen beispielsweise das Schokoladeneis, das Telefonat mit einem guten Freund, den Anruf bei der Mutter, das Zerschmettern von Geschirr und das hemmungslose Weinen kennengelernt. Jede dieser Techniken mag uns helfen, den Kummer zu besiegen. Jedoch haben wir im Laufe unserer Entwicklung eine unterschiedlich starke positive Verstärkung für diese Alternativen erfahren. Das Telefonat mit der Mutter mag für die ersten fünf Minuten hilfreich sein, endet aber meist in einer Litanei gut gemeinter Ratschläge, die aus Kummer Wut entstehen lässt. Das Zerschmettern von Geschirr reduziert im ersten Moment die Traurigkeit, führt aber zum einen dazu, dass die Küche gefegt und gesaugt werden muss, zum anderen dazu, dass neues Geschirr anzuschaffen ist. Das Schokoladeneis zeigt zwar den kurzfristigen Erfolg, dass der Kummer in den Hintergrund tritt, aber nicht die erhofften langfristigen Folgen. Im Vergleich der Handlungsalternativen hat das Schokoladeneis regelmäßig einen positiven Effekt gezeigt und wurde dadurch als das effektivste Verhalten in Situationen von Kummer positiv verstärkt. Zusammenfassend ist also das Wissen um eine Reihe von Handlungsalternativen vorhanden, ausgewählt werden aber diejenigen, die im Laufe unserer persönlichen Erfahrungen positiv verstärkt worden sind.

Dabei ist eines für unsere alltägliche Arbeit zu bedenken: Das Lernen von kontingenten Situationen, also das Sammeln von Wissen über Reize, die regelmäßig gemeinsam auftreten, hängt seinerseits nicht von der positiven Verstärkung ab. Das Wissen um Kontingenz hängt vielmehr davon ab, wie strukturiert und organisiert die Umwelt gestaltet ist, in der sich unsere Klienten bewegen. Die positive Verstärkung bestimmt allerdings, wie der Organismus auf das Wissen um die Kontingenz reagiert. Aus diesem Zusammenhang wird abermals deutlich, dass es eine unserer zentralen Aufgaben ist, unseren Klienten eine transparente, strukturierte Lebensumwelt zu schaffen, in denen sie zunächst gesichertes Wissen um Kontingenzen sammeln können. Darunter fällt beispielsweise das Wissen, dass es immer um 18.00 Uhr Abendbrot gibt, das Wissen, dass Rauchen im Zimmer eine Sanktion nach sich zieht, dass Beschwerden offen beim Betreuer angesprochen werden können, das Wissen, dass ihnen ein gewisses Maß an Freizeit zusteht und so weiter. Einrichtungsregeln und deren konsequente Umsetzung erlauben unseren Klienten verlässliches Wissen um Kontingenzen zu sammeln. Eine positive Verstärkung setzt erst in dem Moment ein, wo unterschiedliche Verhaltensweisen auf das Wissen ausprobiert werden. Sozial angemessene Verhaltensweisen – und mögen sie in auch noch so trivialen Situationen gezeigt werden – sollten ungehend mit einer positiven Rückmeldung belohnt werden. Denn: Nur diejenigen Verhaltensweisen werden aus dem Wissenspool ausgewählt, die im Laufe der Erfahrung von der Umwelt positiv verstärkt worden sind.

Petri (1996) konnte in diesem Zusammenhang experimentell nachweisen, dass der Organismus aus dem Wissen um die Unvorhersehbarkeit der Zukunft lieber direkt eine kleine Belohnung annimmt als auf eine mögliche große Belohnung zu warten. Für unsere Arbeit bedeutet dieses Ergebnis vor allen Dingen eines: Wenn uns ein positives Verhalten bei unseren Klienten auffällt, sollten wir dieses direkt honorieren – mit einem freundlichen Wort, mit einer herzlichen Ermutigung, mit wertschätzender Aufforderung, dieses Verhalten beizubehalten. Die Verstärkung könnte aber auch in der Form erfolgen, dass ein subjektiv als unangenehm empfundener Zustand als Folge erwünschten Verhaltens verändert wird. Beispielsweise könnte eine Bestrafung wie Hausarrest oder Küchendienst erlassen werden, wenn der Klient eine ihm gestellte Aufgabe nun doch erfüllt. Nur durch konsequente Belohung wünschenswerten Verhaltens können wir erreichen, dass eine sozial angemessene Verhaltensstrategie im Erfahrungsschatz unserer Klienten an Bedeutung gewinnt.

Petri (1996) wies allerdings auch nach, dass eine Belohnung zwar dazu führt, dass ein sozial angemessenes Verhalten überhaupt gelernt und damit häufiger gezeigt wird, dass es aber vor allen Dingen eine kontingente Bestrafung ist, die Verhalten verändert. Subjektiv als unangenehm empfundene Konsequenzen als Folge eines Verhaltens sind ein sehr starkes Motiv für eine Verhaltensveränderung, strebt unser Organismus doch nach einer Vermeidung von „Schlechtem". Folgt auf ein Verhalten eine Bestrafung, so wird das entsprechende Verhalten im Erfahrungsschatz als ineffektiv bewertet und die Wahrscheinlichkeit seiner Anwendung sinkt. Bestrafung kann in zwei Formen erfolgen: Zum einen könnte als Reaktion auf ein unangemessenes Verhalten ein als unangenehm empfundenes Ereignis folgen – Hausarrest, Nachsitzen, Küchendienst, Taschengeldeinteilung, Freizeiteinschränkung; die Liste ist lang. Zum anderen wird es aber auch als Bestrafung empfunden, wenn ein positiver Reiz wieder zurückgenommen wird, etwa in der Form, dass sozial unangemessenes Verhalten dazu führt, dass die Erlaubnis zum Besuch von Freunden widerrufen wird, dass die Möglichkeit, allein zum Einkauf zu gehen, wieder in begleiteten Einkauf umgewandelt wird – kurz: dass Freiheiten, die sich der Klient bereits erarbeitet hat, durch sein Fehlverhalten wieder eingeschränkt werden.

Petri (1996) fasst zusammen, dass Bestrafung eine sehr effektive Form des Einflusses auf Verhalten darstellt, wenn sie konsequent, direkt und streng erfolgt. Wenden wir diesen Grundsatz in unserer Arbeitspraxis an, so bedeutet das vor allen Dingen eines: Wir müssen uns im Team, als Einrichtung einig sein, welches Verhalten mit welcher Bestrafung belegt wird und reagieren, sobald wir dieses Verhalten beobachten. Die Reaktion muss direkt erfolgen, also noch in der Situation, in der das Verhalten angewandt worden ist. Erwischen wir Robert beispielsweise beim Rauchen auf seinem Zimmer, so muss sofort die dafür festgelegte Bestrafung ausgesprochen werden. Lassen wir uns damit Zeit oder geben wir zu verstehen, dass Raum für Diskussion ist, so lernen die Klienten den Zusammenhang zwischen unerwünschtem Verhalten und bestrafender Konsequenz nicht oder nur unvollständig. Im Gegenteil: Eigentlich wird ihr Fehlverhalten sogar noch verstärkt, denn sie haben sowohl den positiven Effekt aus dem Fehlverhalten (bequemes Rauchen im eigenen Zimmer) als auch den positiven Effekt, einer Bestrafung zunächst entgangen zu sein. Ein voller Erfolg also.

Konsequenz und zeitnahes Eingreifen sind die Schlagworte, mit denen wir den Lernerfahrungen unseren Klienten im positiven wie im negativen Sinn begegnen müssen. Wie genau wirken wir denn nun auf die Erfahrungen ein?

4.2 Die Theorie vom Lernen

Lernen kann als eine relativ permanente Verhaltensveränderung definiert werden, die sich als Produkt von Erfahrung und Übung darstellt. Im Lernprozess wird eine Assoziation zwischen einem Reiz, einem Verhalten und dessen Effekt hergestellt. Im Folgenden sollen nun vier grundlegende Arten von Lernprozessen vorgestellt werden, die wir im täglichen Umgang mit unseren Klienten nutzen können.

4.2.1 Vom „Sich-Gewöhnen" – Habituation

„Robert, wenn du jetzt nicht sofort dein Zimmer aufräumst, passiert etwas." Robert lächelt nur müde – diesen Ausspruch hört er des Öfteren und noch immer steht die Konsequenz aus. Die hier skizzierte Situation ist ein typisches Beispiel für einen Lernprozess, der Habituation genannt wird. Habituation setzt ein, wenn ein Individuum wiederholt einem Reiz ausgesetzt ist, der sich als unbedeutend erweist. Robert hat die Erfahrung gemacht, dass die Androhung nicht umgesetzt wird, selbst wenn er der Forderung zum Aufräumen nicht nachkommt. Eine Reaktion auf den Reiz „Drohung beim Zimmeraufräumen" wird aufgrund der fehlenden Konsequenz nach und nach schwächer und bleibt schließlich ganz aus. Unter Habituation ist also eine Gewöhnung zu verstehen, ein Lernprozess, auf bestimmte Reize nicht zu reagieren, um dem Individuum eine „unnütze" Reaktion zu ersparen.

Der Prozess der Habituation zeichnet sich durch zwei zentrale Elemente aus:

1. Habituation ist reizspezifisch, d. h. die Gewöhnung findet nur auf einen ganz bestimmten Reiz statt. Robert ist auf „leere Drohungen" seiner Mutter habituiert, bei Drohungen seines Vaters mag die Reaktion ganz anders aussehen.
2. Habituation ist reaktionsspezifisch, d. h. nur eine bestimmte Reaktion auf den Reiz hin ist habituiert, andere mögliche Reaktionen auf denselben Reiz müssen deswegen nicht zwangsweise auch habituiert sein. Roberts Reaktion, die Drohung seiner Mutter geflissentlich zu überhören, ist eine habituierte Reaktion.
   Dass Robert seine Mutter als Reaktion anfährt, sie solle sein Zimmer verlassen, ist ein übliches nachfolgendes Reaktionsritual.
   Zusammenfassend mag eine ganz bestimmte Reaktion auf einen Reiz habituiert sein und damit ausbleiben, andere Reaktionen treten aber in unverminderter Stärke auf.

Die Konsequenzen für den Umgang mit unseren Klienten liegt auf der Hand: Wir müssen in unseren Ansagen glaubwürdig sein und bleiben. Es ist an uns, bei Androhung von Konsequenzen auch wirklich Konsequenzen folgen zu lassen. Mit leeren Drohungen, aber auch mit leeren Versprechungen verlieren wir zunehmend an Verlässlichkeit; unsere Klienten beginnen, die Ernsthaftigkeit unserer Aussagen in Frage zu stellen. Unsere Einflussmöglichkeiten nehmen ab. Unsere Handlungsweise muss sich nach dem Motto: „Ein Mann, ein Wort" richten.

4.2.2 Nur ein Reflex? – Klassische Konditionierung

Der Lernprozess der klassischen Konditionierung ist ein Prozess, bei dem ein eigentlich neutraler Reiz durch Kombination mit einem anderen, bereits vielsagenden Reiz an Bedeutung gewinnt. Der russische Physiologe Ivan Pavlov entdeckte diesen Zusammenhang bei der Erforschung von Verdauungsprozessen bei Hunden: Er beobachtete, dass der Hund bereits bei Ansicht eines saftigen Knochens Speichel produzierte – eine Reaktion des Körpers auf eine bevorstehende Nahrungsaufnahme. Doch wie kam es dazu?

In unserer Umwelt existieren Reize, die ohne vorangegangenes Lernen eine angeborene Reaktion auslösen. Diese Reize nennt man unkonditionierte Reize; sie beziehen sich zumeist auf Aspekte, die das Überleben des Lebewesens maßgeblich beeinflussen. Die Reaktion auf einen solchen Reiz nennt man folglich unkonditionierte Reaktion.

Pavlovs Experiment liegt zugrunde, dass jedes Lebewesen während der Nahrungsaufnahme Speichel und Magensäfte produziert, um die aufgenommene Nahrung weiter zu verarbeiten und dem Körper als Nährstoffe zugänglich zu machen.

Daneben gibt es Reize, die zu keiner spezifischen Reaktion führen, neutrale Reize also, denen keine für das Überleben notwendige Bedeutung zugemessen ist.
Ein solcher Reiz ist beispielsweise der Ton einer Glocke. Pavlov ließ nun regelmäßig bei Fütterung seiner Hunde einen

Klingelton erschallen. Durch die Nahrungsaufnahme produzierte der Hund den notwendigen Speichel – gleichzeitig lernte er, dass der Ton eine Bedeutung für die Nahrungsaufnahme bekommen hat: Nahrung und Ton treten nun gleichzeitig auf. Man sagt, diese beiden Reize sind miteinander assoziiert.

Pavlov wies nach, dass der Hund nun bereits auf den Klingelton mit der Produktion von Speichel reagierte, sozusagen in Erwartung, dass der mit dem Klingelton assoziierte Reiz, nämlich das Futter, folgt.

Der ehemals neutrale Reiz „Klingelton" ist damit zu einem so genannten konditionierten Reiz geworden, einem Reiz, der aufgrund der mehrmaligen Koppelung mit dem unkonditionierten Reiz und der darauf folgenden natürlichen Reaktion nun ebenfalls Bedeutung gewonnen hat und eine Reflexreaktion hervorruft.

Was haben nun Pavlovs Hunde mit unseren Klienten zu tun? Viele unser alltäglichen Gewohnheiten basieren auf dem Prozess der klassischen Konditionierung. Wie kommt es, dass wir stets mittags um die gleiche Uhrzeit Hunger bekommen? Warum werden wir abends zu einer ganz bestimmten Uhrzeit müde? Warum werden wir morgens bereits früh wach, obwohl doch Wochenende ist? Indem wir unseren Klienten beispielsweise einen strukturierten, regelmäßigen Tagesablauf bieten, bedienen wir uns des Prozesses der klassischen Konditionierung: Wir nutzen ein physiologisches Grundbedürfnis und koppeln dieses mit dem neutralen Reiz der Uhrzeit. Dass die physiologischen Grundbedürfnisse dann zu der entsprechenden Tageszeit auftreten, der Hunger zur Mittagszeit, die Müdigkeit am Abend, das Erwachen zu einer bestimmten Uhrzeit am Morgen ist nichts anderes als das Ergebnis eines erfolgreichen Konditionierungsprozesses. Dass sich unsere Klienten in einen strukturierten Tagesablauf integrieren und integrieren können, setzt also voraus, dass wir eine kontingente Assoziation zwischen zwei Reizen aufbauen. Wir helfen unseren Klienten am ehesten sich in eine Struktur einzufügen, wenn der Tagesablauf so gleichförmig wie möglich gestaltet ist und dadurch die Mechanismen der klassischen Konditionierung greifen können. Von unserer Seite ist auch hier wieder Konsequenz gefordert.

4.2.3 „Von hinten durchs Knie ins Auge" – instrumentelle Konditionierung

Die Grundidee der instrumentellen Konditionierung wurde bereits weiter oben unter der Fragestellung der Wirkung von Bestrafung und Belohnung dargestellt: Ein Organismus wird positiv verstärkt oder bestraft, wenn er in einer bestimmten Situation ein bestimmtes Verhalten zeigt. Der Unterschied zur klassischen Konditionierung liegt in der Beeinflussbarkeit der Reaktion: Während bei der klassischen Konditionierung eine angeborene Reflexreaktion mit einem Reiz gekoppelt wird, entscheidet bei der instrumentellen Konditionierung das Individuum über die Reaktion auf einen Reiz.

Die instrumentelle Konditionierung läuft also nach folgendem Muster ab:

Reiz → **Reaktion** → **Verstärkung/ Bestrafung**

Die Instrumentelle Konditionierung ist ein „Lernen am Erfolg": Wenn auf eine bestimmte Verhaltensweise kontingent eine angenehme Konsequenz folgt, wird diese Handlung künftig unter gleichen oder ähnlichen Umständen häufiger ausgeführt; wenn auf eine bestimmte Verhaltensweise kontingent eine als unangenehm empfundene Konsequenz folgt, wird diese Handlung künftig unter gleichen oder ähnlichen Umständen seltener ausgeführt.

David Premack (1962; vgl. Atkinson et al., 2000) fand heraus, dass das Prinzip der instrumentellen Konditionierung gut geeignet ist, um Verhalten, das wir ungern und selten tun, zu verstärken. Hätte ein Kind die freie Wahl zwischen Computerspielen und Hausaufgaben, so liegt die Entscheidung auf der Hand: Das Kind würde das Spielen wählen, weil es mit einer angenehmen Empfindung von Spaß und Entspannung verknüpft ist, die Hausaufgaben dagegen mit Anstrengung und Mühsal assoziiert sind. Es ist aber möglich, das Verhalten mit der höchsten Auftretenswahrscheinlichkeit – das Spielen – als Verstärker zu nutzen: Das Kind wird mehr Zeit mit der Bearbeitung von Hausaufgaben verbringen, wenn es erst danach Computerspielen darf. Dieses grundlegende Prinzip der Erziehung, auch Premack-Prinzip genannt, ist im Kern also ein Prozess der instrumentellen Konditionierung.

Die Förderung neuer Verhaltensweisen durch positive Verstärkung oder Bestrafung kann durch die Methode des Shapings ergänzt und effektiver gestaltet werden. Beim Shaping wird nicht nur die komplette wünschenswerte Verhaltensweise verstärkt bzw. das vollständige Fehlverhalten bestraft, sondern es erfolgt bereits eine Reaktion bei jeder Form von Annäherung an das gewünschte oder unerwünschte Verhalten. Auf den Punkt gebracht: Es werden Zwischenerfolge belohnt und bereits kleinere Abweichungen bestraft. Über die Methode des Shapings wird das Schwarz-Weiß-Schema von „angemessenem" und „unangemessenem" Verhalten in mehrere Grautöne gespalten: Nach und nach kann das Individuum so lernen, wo die absoluten Grenzen zwischen „angemessen" und „unangemessen" liegen und seine Verhaltensentscheidungen differenziert bewerten. Für unsere alltägliche Arbeit muss also festgelegt sein, wo unsere Grenzen liegen. Ist mit der Bezeichnung „Hey, Alter/Alte" bereits die Grenze zu unangemessenem Verhalten überschritten oder nicht? Kann man es bereits loben, wenn Lena ihr Gegenüber nur anschreit und beschimpft, aber nicht die Hand erhebt? Verstärken und Bestrafen ist ein sehr diffiziles Spiel, das von uns als Einzelpersonen Konsequenz und Durchsetzungsvermögen, als Team eine verbindliche Entscheidung über zu förderndes bzw. zu unterbindendes Verhalten verlangt. Gleichzeitig müssen wir uns selbst immer wieder ermahnen und auffordern, auch die kleinen Erfolge und die kleinen Abweichungen zu sehen. Je früher verstärkt bzw. bestraft wird, desto eher greifen die Mechanismen der Konditionierung und desto erfolgreicher verläuft der Prozess der Veränderung.

4.2.4 Mit gutem Beispiel voran – Lernen am Modell

„Ich möchte genauso sein wie mein Vater", „Ich will nie so werden wie meine Mutter", „Wie Herr XY sein Leben meistert, finde ich absolut bewundernswert. Wenn ich das nur könnte". Das Nacheifern nach Idolen ist nicht nur in der Pubertät eine wichtige Lernform. Vielmehr sind eine Vielzahl frühkindlicher und kindlicher Lernvorgänge durch die Beobachtung und Imitation von Vorbildern bestimmt. Im deutsprachigen Raum hat in diesem

Zusammenhang die Sozialkognitive Theorie von Albert Bandura (1963; vgl. Atkinson et al., 2000) große Bedeutung erlangt. Bandura definiert das Lernen am Modell als einen in Phasen ablaufenden Prozess, in dessen Rahmen zunächst das Verhalten anderer Personen wahrgenommen und dann auf das eigene Verhalten übertragen wird. Bandura unterscheidet dabei drei drei Formen von Modelllernen:

1. Aufbau neuer Verhaltensweisen: Durch Beobachtung werden neue Verhaltensweisen in das eigene Verhaltensrepertoire übernommen.
2. Modifikation bestehender Verhaltensweisen: Bereits bekannte Verhaltensweisen werden durch die Beobachtung positiver bzw. negativer Konsequenzen bei anderen neu bewertet und entsprechend der beobachteten Erfahrung angewandt.
3. Erkennen von Auslösern: Durch Beobachtung werden Hinweise gesammelt, wann ein erlerntes Verhalten gezeigt werden darf und wann nicht.

Bandura konnte nachweisen, dass Kinder durch Beobachtung viele Verhaltensweise kennen lernen (= Akquisition), aber nicht zwingend reproduzieren (= Performanz). Das Ausführen der beobachteten Verhaltensweisen hängt maßgeblich davon ab, ob das Verhalten positiv verstärkt oder bestraft wird. Das Lernen am Modell beschreibt also eher einen Prozess der Sammlung von Wissen, erklärt aber erst in Kombination mit der instrumentellen Konditionierung, welches Verhalten im Verhaltensrepertoire an Bedeutung gewinnt. Das Lernen am Modell gewinnt für unsere Arbeit jedoch insofern an Bedeutung, dass unsere Klienten an uns beobachten können, wie sozial angemessenes Verhalten zum Erfolg führen kann. Wir dienen unseren Klienten als Vorbilder für sozial wünschenswertes Verhalten – entsprechend tragen wir die Verantwortung, gerade jenes Verhalten vorzuleben, das wir bei unseren Klienten fördern wollen.

Auf einen Blick

- Unser Organismus ist darauf ausgerichtet, angenehme Konsequenzen zu suchen und Unangenehmes zu vermeiden. Neben seinen genetisch vorgegebenen Reaktionsprogrammen beruht das Wissen um angenehme und unangenehme Konsequenzen in erster Linie auf Erfahrung beruhenden Lernprozessen.
- Lernen ist damit ein lebenslanger Prozess, der auf dem Erkennen von Assoziationen zwischen zwei Reizen bzw. zwischen Reiz und Reaktion sowie der Bewertung dieser Assoziationen beruht.
- Vier Theorien zum Lernen spielen dabei eine zentrale Rolle:
  1. Habituation: die Gewöhnung an bestimmte Reize.
  2. Klassische Konditionierung: die Kopplung zwischen einer angeborenen Reaktion und einem bislang bedeutungslosen Reiz.
  3. Instrumentelle Konditionierung: die Kopplung zwischen Reiz und Reaktion durch Verstärkung bzw. Bestrafung.
  4. Lernen am Modell: Lernen durch Beobachtung von Vorbildern.
- Zur Erklärung welches Verhalten in bestimmten Situationen gezeigt wird, ist nicht nur zu prüfen, welches Wissen über mögliche Handlungsweisen vorliegt, sondern vor allen Dingen, welche Handlungsweisen sich in der bisherigen Erfahrung als effektiv herausgestellt haben.
- Eine Beeinflussung der Verhaltensauswahl ist insbesondere durch eine konsequente und direkte Belohnung oder Bestrafung möglich, die das bisherige Wissen um die Effektivität von Verhaltensweisen ersetzt.

Im alltäglichen Umgang mit unseren Klienten wird von uns ein vorhersehbares, konsequentes und direktes Vorgehen verlangt. Wir schaffen für unsere Klienten eine Umwelt, in der sie die Kontingenz zwischen Reiz und Reaktion erkennen und ihr eigenes Verhalten darauf einzurichten lernen. Uneindeutigkeit in unserem Verhalten behindert diesen Lernprozess.

Literaturnachweis

Atkinson, R. L., Atkinson, R. C., Smith, E. E., Bem, D. J., Nolen-Hoeksema, S. (2000). Hilgard's Introduction to Psychology. Harecourt College Publishers, Fort Worth, TX.

Petri, H. L. (1996). Motivation: Theory, Research and Application. Wadsworth , Belmont, CA.

Einstieg i. Thema
Inhalte erarbeiten lassen
Inhalte vermitteln

KAPITEL **5**

Verstehen lernen – wie Verhalten in konkreten Situation entsteht ...

Martin murmelt im Unterricht ständig vor sich hin, dass „Lehrer einfach scheiße" sind. Lena schimpft ihren Betreuer aus heiterem Himmel „spießiger, aufgeblasener Mistkerl", als er sie auf ihr neues Piercing anspricht. An Paul muss man nur mit der Aufforderung zum Aufräumen herantreten und löst damit eine klassische Szene aus, obwohl Paul doch sonst ein ganz ruhiger Vertreter ist.

Das Wissen um die Sozialisation unserer Klienten allein hilft uns häufig nicht, um ihr Verhalten in bestimmten Situationen erklären und effektiv beeinflussen zu können. Im Gegenteil: Wie oft stehen wir als überraschte Zuschauer daneben und fragen uns insgeheim, was wohl zu diesem völlig unerwarteten Ausbruch an Wut und Abscheu geführt haben könnte? Und vor allen Dingen, wie wir jetzt angemessen reagieren sollen? Professionelle Ruhe zu bewahren und auf die bekannten Handlungsstrategien zurückzugreifen, ist ein erster Schritt. Wollen wir aber erreichen, dass unsere Klienten ihre unangemessenen Verhaltensmuster ablegen, so müssen wir ihnen helfen zu verstehen, was dieses Verhalten auslöst und wie mit den erkannten Auslösemechanismen umzugehen ist.

Dabei ist zu bedenken, dass wir eigentlich nur einen Bruchteil des Verhaltens unserer Klienten wirklich kennen: nämlich ihre Handlung in einer konkreten Situation. Dieser Handlung jedoch geht ein Wahrnehmungs- und innerer Verarbeitungsprozess voraus. Unser Wunsch, die alten unangepassten Verhaltensmuster unserer Klienten durch neue angemessene Gewohnheiten zu ersetzen, gelingt nur, wenn wir auch Einfluss auf eben diesen Wahrnehmungs- und Verarbeitungsprozess nehmen. Damit befinden wir uns in einer ähnlichen Position wie ein Psychotherapeut. Im Rahmen unserer Möglichkeiten helfen wir unseren Klienten ihr Verhalten zu verstehen und effektiv zu verändern. Dazu wird im psychotherapeutischen Prozess eine Problemanalyse durchgeführt, die die Auslöser, das Verhalten und die Konsequenzen des Verhaltens miteinander in Beziehung setzt. Wir haben weder die zeitlichen noch personellen Ressourcen, um mit jedem Klienten in jeder problematischen Situation eine genaue Nachbereitung und Analyse seines Verhaltens durchzuführen. Aber jede noch so kleine Information mag uns und unseren Klienten verstehen helfen – und mit diesem Verständnis und Wissen eine Veränderung einzuleiten.

Im Folgenden soll deswegen ein typischer Prozess der Problemanalyse vorgestellt und an einem Beispiel angewandt werden.

5.1 Vom Auslöser zum Verhalten

Die Psychotherapeutin Dr. Giesela Bartling empfiehlt in ihrem Leitfaden *Problemanalyse im therapeutischen Prozess* (1992) die Problemanalyse auf drei Aspekte zu konzentrieren: den sozialen Kontext, in dem das problematische Verhalten stattfindet, das Verhalten selbst sowie individuelle Einstellungen und Verhaltensregeln, die das Verhalten bedingen.

5.1.1 Das Bühnenbild der Handlung

Dem sichtbaren Verhalten gehen eine aktuell bedeutsame äußere und innere Situation zeitlich voraus. Die äußere Situation ist das Gesamtszenario: Für das Verhalten wichtige Einflussfaktoren sind beispielsweise die Anwesenheit anderer Personen, deren Verhalten, der Anlass der Situation oder der Ort. Die äußere Situation definiert zusammenfassend die Rahmenbedingung des Verhaltens. Im Zuge der Problemanalyse ist zunächst zu prüfen, welche Aspekte der äußeren Situation zur Beschreibung und Erklärung des problematischen Verhaltens dienen können. Vielleicht ist es die Anwesenheit von Freunden, die einen Klienten dazu veranlasst, auf eine

Bemerkung hochemotional zu reagieren, vielleicht ist es aber auch schlicht die Tatsache, dass ein Klient kritisiert wird. Hinweise finden wir durch eine sorgsame Beobachtung unserer Klienten in ihrem Arbeits- und Lebensalltag. Dabei werden wir feststellen, dass eine bestimmte Kombination aus Faktoren vorliegen muss, damit ein Klient eine unangepasste Verhaltensreaktion zeigt. Für den einen ist es ein bestimmter Betreuer, der die Kritik ausspricht, für den anderen ist es die Kombination aus einer Kritik und der Anwesenheit seines besten Freundes.

Die äußere Situation ist jedoch nicht alleiniger Auslöser des problematischen Verhaltens. Vielmehr müssen die Stimmung, Gefühlslage und die körperliche Befindlichkeit des Klienten, d. h. seine innere Situation berücksichtig werden. Erst wenn die Person das äußere Szenario und die damit zusammenhängenden inneren Empfindungen interpretiert hat, folgt eine Entscheidung über ihre Reaktion.

5.1.2 Auf dem Weg zum Verhalten

Das problematische Verhalten ist das Ergebnis eines in Phasen verlaufenden Reaktionsprozesses (vgl. Abb. 5.1). Unter den auslösenden Rahmenbedingungen der externen und internen Situation findet zunächst eine Wahrnehmungs- und Informationsaufnahme auf rein physiologischer Ebene statt. Unsere Sinnesorgane nehmen Informationen der externen und internen Situation neutral und ohne jede Wertung auf. Die wahrgenommenen Informationen werden darauf folgend innerlich verarbeitet und zur Vorbereitung einer Verhaltensreaktion genutzt.

Die innere Verarbeitung umfasst drei – in der Theorie – aufeinander folgende Schritte:

1. die Interpretation der Situation,
2. die Bewertung der Situation,
3. die Handlungsvorbereitung.

Die Bezeichnung Interpretation der Situation darf uns nicht in die Irre führen: Im Rahmen der Interpretation wird die Wahrnehmung aus der individuellen Sicht zunächst einmal benannt. Was passiert dort gerade eigentlich? Wer ist an dieser Situation beteiligt? Welche Rolle spiele ich in dieser Situation? Warum haben wir diese Situation? Die Interpretation geht also weit über die reine Beobachtung hinaus: es werden Zusammenhänge zwischen den handelnden Personen aufgearbeitet, Erwartungen und Schlussfolgerungen über die Bedeutung der Situation überlegt sowie die Anforderungen der Situation geprüft.

Entscheidend für die Wahl einer Verhaltensreaktion aber ist die darauf folgende Bewertung der Situation. Die handelnde Person schätzt die Situation in Bezug auf eigene Bedürfnisse, Ansprüche und Ziele ein. Es findet ein Vergleich zwischen Ist und Soll statt. Dieser Vergleich ist Grundlage für die Bewertung der Situation als positiv/negativ, erträglich/unerträglich, akzeptabel/inakzeptabel, zufrieden stellend/unbefriedigend und so weiter. Eine harmlose Bemerkung über eine nicht weggeräumte Tasse könnte in der persönlichen Bewertung als mangelnde Wertschätzung der Person als Ganzes gesehen werden. Solche Bewertungsprozesse sind uns nur zugänglich, wenn wir unsere Klienten direkt nach ihren Gedanken und Gefühlen in einer problematischen Situation fragen. Dabei dürfen wir nicht erwarten, dass unseren Klienten sich ihrer Gefühle immer bewusst sind und sie konkret benennen können. Wir sollten die Aussagen unserer Klienten eher als vorläufige Hypothesen nutzen, die mit jedem neuen Gespräch detaillierter und aussagekräftiger werden.

Die eigentliche Handlungsvorbereitung orientiert sich im letzten Schritt an den Vorstellungen über einen wünschenswerten Ausgang der äußeren Situation. Sieht ein Klient sich durch eine kritische Bemerkung in seinem Selbstwertgefühl angegriffen, so will er dieses vielleicht wieder herstellen oder sein Gegenüber ebenfalls erniedrigen. Um abschließend zu entscheiden, mit welchem Verhalten der erwünschte Endzustand erreicht werden soll, muss geprüft werden, welche eigenen Handlungsstrategien zu Verfügung stehen und welche davon zielführend sind. Selbst wenn ein Klient die Erniedrigung seines Gegenübers für einen akzeptablen Endzustand hält, fehlt ihm vielleicht eine schlagfertige Antwort, vielleicht hat er aber sein Gegenüber bisher auch immer als „immun" gegen Beleidigungen erlebt, so dass ein verbaler Gegenangriff nicht zielführend ist. Ist entschieden, welche Handlungsstrategien zum erwünschten Endzustand führen könnten, werden innerlich alle mit den Handlungsstrategien verknüpften Konsequenzen gegeneinander abgewogen. Die Bewertung der möglichen Konsequenzen bestimmt maßgeblich, auf welche Handlungsstrategie zurückgegriffen wird. Auf Kritik mit einer Beleidigung zu reagieren, könnte beispielsweise dazu führen, dass eine in der Hausordnung festgelegte Bestrafung folgt. Will der Klient diese Konsequenz nicht auf sich nehmen, schließt er diese Handlungsstrategie für sich aus.

Als Quintessenz der Interpretations- und Bewertungsprozesse wird die Verhaltensreaktion ausgeführt. Verhalten müssen wir dabei in einem erweiterten Sinn verstehen: Es ist nicht nur die beobachtbare Handlung, sondern auch das Erleben und Fühlen. Bartling (1992) schlüsselt die folgenden Verhaltensaspekte auf:

- motorisch: Beschreibung des beobachtbaren Verhaltens,
- emotional: Beschreibung des subjektiven Erlebens und Fühlens,
- kognitiv: Beschreibung der Gedanken und Vorstellungen,
- physiologisch: Beschreibung der körperlichen Reaktion und Körperempfindung.

Das beobachtbare Verhalten steht zwar im Prozess der Verhaltensentstehung relativ am Ende. In der praktischen Arbeit jedoch ist das beobachtbare Verhalten der Ausgangspunkt einer Analyse. Schließlich ist ja das beobachtbare unangepasste Verhalten überhaupt der Anlass, sich eingehender mit den Bedingungen der Entstehung zu beschäftigen. Häufig zeigt schon eine differenzierte Beschreibung des problematischen Verhaltens Ansatzpunkte für eine mögliche Veränderung. Ist der beherrschende Gedanke eines Verhaltens beispielsweise die Vorstellung, „es dem anderen so richtig für seine Kritik heimzuzahlen", so müssen wir unserem Klienten vielleicht eher helfen, Kritik sachlich aufzufassen und damit seine vorgeschalteten Bewertungsprozesse verändern. Vielleicht hilft es auch, dem Klienten andere Ausdrucksmöglichkeiten für seinen verletzten Stolz an die

Hand zu geben. Diesen Klienten aber lediglich für eine Beleidigung, also sein motorisches Verhalten, zu maßregeln und ihn an eine in der Hausordnung festgelegte Streitkultur zu erinnern, wird kaum eine Veränderung hervorrufen. Die Hilfestellung zur Veränderung muss auf allen Ebenen der Entwicklung von Verhalten erfolgen.

Auf jedes Verhalten folgen Konsequenzen. Mit der ausgewählten Reaktion ruft ein Handelnder nicht nur in seiner eigenen inneren Gefühlslage einen neuen Zustand hervor, sondern auch bei den anderen an der Situation beteiligten Personen. Konsequenzen werden Bartling (1992) zufolge nach drei Gesichtspunkten unterschieden:

1. **Zeitdauer:** Eine Konsequenz kann eine kurzfristige oder eine langfristige Wirkung haben. In den meisten Situationen folgt auf ein Verhalten nicht nur „die eine" Konsequenz; vielmehr zeigt ein Verhalten sowohl kurzfristige als auch langfristige Folgen. In der Handlungsvorbereitung werden häufig nur die kurzfristigen Konsequenzen bedacht; die langfristigen Folgen sind nicht immer einschätzbar und hängen eng mit der Reaktion der sozialen Umwelt auf das ausgewählte Verhalten zusammen. Reagiert ein Klient auf eine kritische Bemerkung beispielsweise mit einem wütenden Gefühlsausbruch, so mag ihm dies kurzfristig die Erleichterung verschaffen, seine Gefühle offen gezeigt zu haben. Dieses Gefühl der Erleichterung, nachdem er „sich Luft gemacht hat", hat er auch erwartet und ersehnt. Langfristig jedoch leidet sein Ansehen bei seinen Freunden; er steht in dem Ruf, „empfindlich zu sein" und „rumzubrüllen".

2. **Entstehungsort:** Die Konsequenz bezieht sich entweder auf eine Reaktion aus der sozialen Umwelt wie den an der Situation beteiligten anderen Personen (= äußere Konsequenz) oder auf ein persönliches Erleben und die eigene Selbstbewertung (= innere Konsequenz). Gerade für die Handlungsplanung steht ein Abschätzen äußerer wie innerer Konsequenzen im Vordergrund: Sind Gegenreaktionen von den anderen Beteiligten zu befürchten? Was könnten diese Gegenreaktionen sein? Welche Reaktionen der sozialen Umwelt nimmt

man in Kauf, welche möchte man auf keinen Fall riskieren? Fühlt man sich nach der Handlung wirklich „besser"? Während in der Handlungsvorbereitung diese Fragen mit Vermutungen beantwortet werden, zeigen sich im Anschluss an das Verhalten ganz konkrete externe wie interne Folgen. Der Klient, der kritische Bemerkungen mit einem Wutausbruch beantwortet, mag feststellen, dass sich seine Freunde mit Unverständnis von ihm abwenden. Die Selbstbewertung des Klienten kann dagegen völlig anders ausfallen: Vielleicht ist er sogar stolz darauf, seinen Gefühlen so ehrlich Ausdruck verliehen zu haben. Während wir äußere Konsequenzen zumeist durch Beobachtung ermitteln können, sind wir bei der Analyse der inneren Konsequenzen auf die Mithilfe unserer Klienten angewiesen. Dabei ist besonders die Frage nach dem subjektiven Erleben zentral: Die eigene Bewertung des Verhaltens gibt uns Hinweise darauf, ob wir mit einer entsprechenden äußeren Gegenreaktion Anreize zur Veränderung setzen können.

3. **Qualität:** Konsequenzen werden danach unterschieden, ob sie eine Belohnung oder eine Bestrafung beinhalten, also eine positive oder eine negative Wirkung haben. Eine Belohnung ist eine direkte positive Verstärkung. Positive Wirkung wird auch dann erzielt, wenn ein negativer Zustand wegfällt. Wir könnten einen Klienten also belohnen, indem er eine zusätzliche Stunde Freizeit bekommt oder indem wir das Verbot aufheben, in den Fernsehraum zu gehen. Negative Konsequenzen dagegen sind entweder mit dem Eintreten eines negativen Zustandes wie einer Bestrafung oder mit dem Wegfall positiver Aspekte verknüpft.

Die Konsequenz schafft eine neue externe wie interne Situation, die dem hier skizzierten Prozess folgend erneut wahrgenommen, verarbeitet und mit einem Verhalten beantwortet wird.

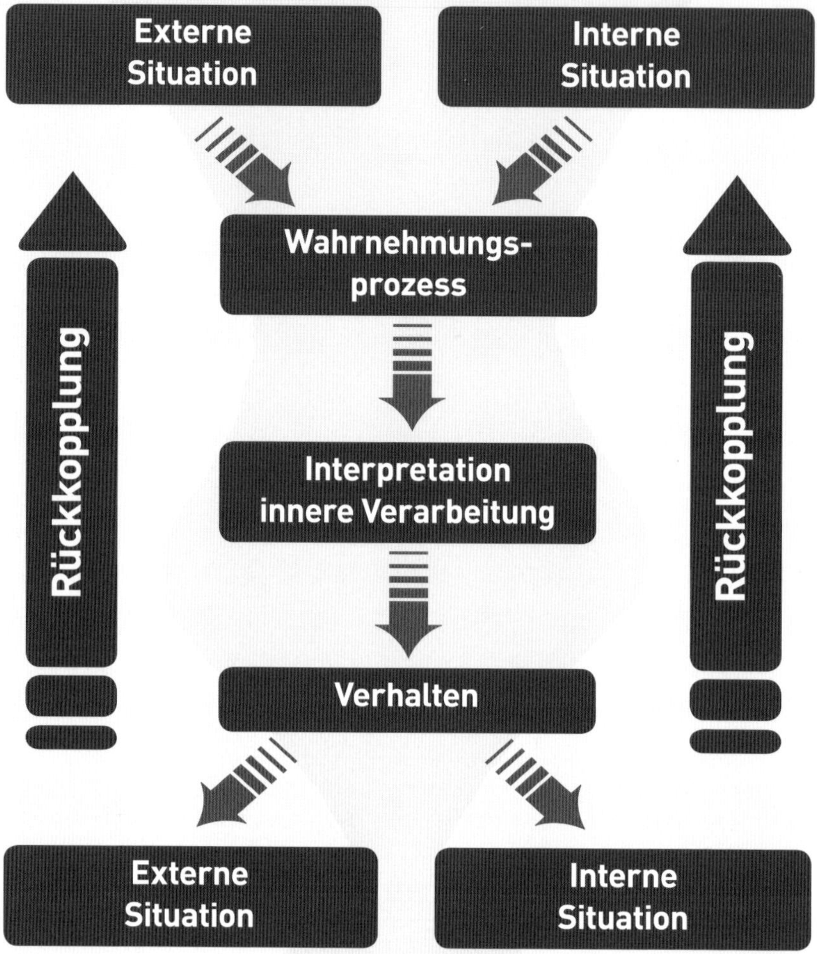

Abbildung 5.1: Phasenmodell der Entstehung von Verhalten (vgl. Bartling et al., 1992; Seite 32)

5.1.3 Meine Regeln, meine Normen

Die Problemanalyse sollte stets im Zusammenhang mit situationsübergreifenden allgemeinen Verhaltensmaßstäben durchgeführt werden. Bartling (1992) bezeichnet diese Form von Verhaltensmaßstäben als Plan. Ein Plan bezeichnet eine abstrakte Strategie der Zielerreichung, mit der wir im Laufe unseres Lebens gute Erfahrung gesammelt haben. Das Ziel, sein Selbstwertgefühl nach einer kritischen Bemerkung wieder aufzubauen, könnte beispielsweise mit dem Plan „Abwerten des Kritikers" erreicht werden; in welcher Art und Weise jedoch der Gegenüber abgewertet wird – ob ebenfalls durch eine Kritik, durch eine Beleidigung, durch schlichtes Verlassen der Situation oder lediglich durch einen eiskalten Blick – ist im Plan nicht definiert, sondern betrifft die Ebene des konkreten Verhaltens. Pläne sind damit entscheidende Bestandteile der Bewertung innerhalb des Interpretations- und Verarbeitungsprozesses.

Die Analyse der Pläne gibt Hinweise darauf, ob für einen Klienten Ziel und Wahl der Mittel überhaupt zusammenpassen. Für ein Ziel stehen zumeist mehrere strategische Handlungsmöglichkeiten zur Verfügung, aus denen unter den gegebenen externen und internen Rahmenbedingungen eine ausgewählt wird. In Hinblick auf das Beispiel des kritisierten Klienten könnten neben dem Plan „Abwerten des Kritikers" auch der Plan „positive Selbstbewertung" zielführend sein: Statt den Kritiker anzusprechen, könnte der Klient auf der konkreten Handlungsebene beispielsweise gedanklich aufzählen, was alles positiv und bewundernswert an ihm ist. Die konkrete Wahl eines Planes wird von den übergeordneten Zielen und Bedürfnissen eines Individuums beeinflusst sowie von den Normen, die das Individuum für sich als verbindlich ansieht (vgl. Abb. 5.2). Ist ein übergeordnetes Lebensziel des Klienten etwa, dass er eine Erniedrigung nie wieder zulässt, so schließt er von vornherein bestimmte Pläne aus – obwohl sie vielleicht ein probates Mittel der Zielerreichung darstellen.

Pläne können auf zwei unterschiedliche Arten beleuchtet werden. Zum einen kann man aus dem Verhalten in konkreten Situationen allgemeine Handlungsmuster ableiten und darauf auf die Verhaltenspläne schließen. Da von dem konkreten Verhalten ausgegangen wird, nennt man diesen Analyseprozess „bottum up". Der umgekehrte Weg ist die Wahl der Mittel über die persönlichen Einstellungen und Zielvorstellungen herzuleiten und damit theoretisch an die Analyse der Pläne heranzugehen. Dieses Vorgehen wird mit „top down" bezeichnet.

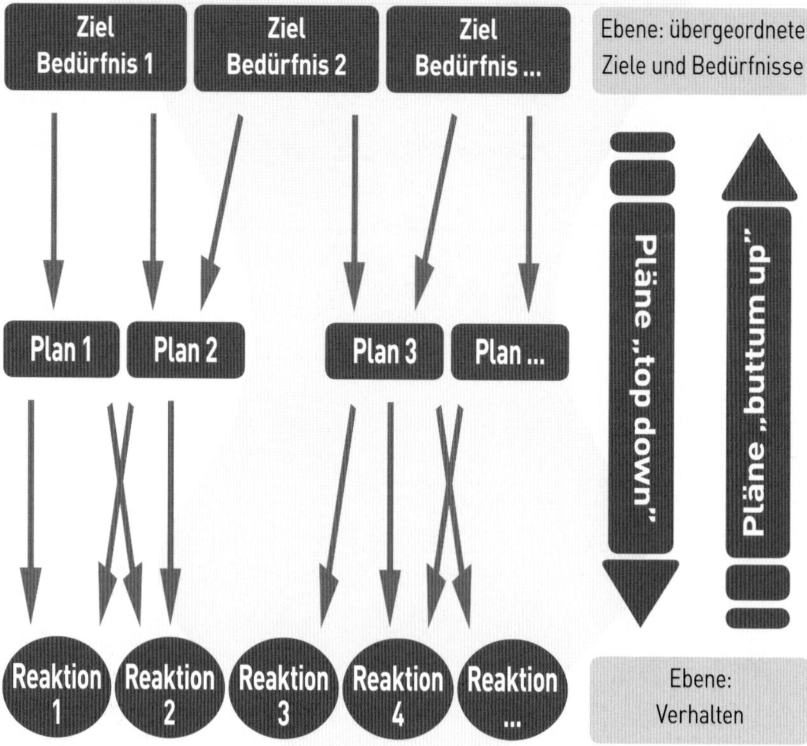

Abbildung 5.2: Zusammenspiel von Zielen, Plänen und Verhalten (vgl. Bartling et al., 1992; Seite 53)

Entscheidend bei der Analyse von individuellen Plänen ist die Frage, inwiefern die Pläne zur Entstehung und Aufrechterhaltung des problematischen Verhaltens beitragen. Dabei ist vor allen Dingen zu überprüfen, ob die handlungsvermittelnden Pläne überhaupt bewusst und transparent sind, man also über die Art und Anwendung der eigenen Pläne Bescheid weiß. Bedürfnisse und Pläne lassen sich bei unseren Klienten recht gut „top down" ableiten, wenn wir uns näher mit ihren Lebensgeschichten und damit mit ihrer Sozialisation beschäftigen, also damit, was in ihrem Erfahrungshorizont eine funktionierende Strategie war.

Zu bedenken ist dabei auch, ob es sonstige Einflussfaktoren auf die Pläne gibt, etwa Vorschriften und Regeln innerhalb eines sozialen Systems, in dem man sich bewegt. Im Umgang mit Freunden herrschen sicherlich andere Regeln als im Umgang mit Eltern oder Betreuern. Die Zugehörigkeit zu unterschiedlichen sozialen Systemen verlangt von einem Individuum, genau zu überlegen, wann welche Regeln gelten und welches Verhalten akzeptiert ist. Während unter Freunden Beschimpfungen wie „Penner" oder „Alter" als angemessene Anreden akzeptiert sind, verbietet die Systemregel beim Umgang mit Betreuern derartige Bezeichnungen. Viele Klienten sind sich über die herrschenden Systemregeln nicht im Klaren; sie nutzen unabhängig vom sozialen Umfeld dieselben Handlungspläne. Die Erkenntnis, dass sich Pläne mit der sozialen Situation verändern, kann nur dadurch gefördert werden, dass die jeweilig geltenden Systemregeln absolut transparent gestaltet sind. In unserer alltäglichen Arbeit bedeutet dies, dass explizite Verhaltensregeln für und mit unseren Klienten erarbeitet werden müssen: Wir müssen unseren Klienten sehr konkret verdeutlichen, welches Verhalten wir im aktuell gegebenen Sozialsystem für angemessen und wünschenswert halten und welches Verhalten abgelehnt und sanktioniert wird.

Was wir hier als einzelne Phase der Entstehung von Verhalten aufgeschlüsselt haben, ist in Wirklichkeit ein blitzschneller Prozess von wenigen Millisekunden. Dass Argumente abgewogen, Konsequenzen geprüft und Pläne bedacht werden, scheint kaum vorstellbar. Unsere Aufgabe ist auch nicht, diesen Prozess komplett entschlüsseln zu wollen. Vielmehr sammeln wir Hinweise, die ein Verhaltensmuster erklären und Ansatzpunkte für Veränderung liefern.

Ob wir einen Klienten mit der Formulierung „Du, ich habe gesehen, dass in der Werkstatt der Hammer noch nicht weggeräumt ist. Bitte hole das jetzt nach" oder der Formulierung „Du, ich habe gesehen, die Werkstatt ist ja schon wirklich top-aufgeräumt, nur der Hammer liegt da noch offen rum. Bitte räume den doch noch weg, dann ist es perfekt" auf eine Nachlässigkeit aufmerksam machen, mag für uns keinen großen Unterschied darstellen. Doch für unsere Klienten mit ihren Bedürfnissen nach Aufmerksamkeit und Wertschätzung ist dies ein Unterschied wie Tag und Nacht.

5.2 Verstehen heißt Ermitteln – Anwendung des Modells anhand eines Beispiels

Fallbeispiel. Martin, 17 Jahre alt, nimmt ein Jugendhilfeangebot mit einer Rund-um-die-Uhr-Betreuung in Anspruch, die einer richterlich angeordneten Hilfe zur Erziehung nachkommt. Aus den Akten ist bekannt, dass Martin mit 14 Jahren in die Drogenszene abgerutscht ist und seinen Konsum über Beschaffungskriminalität finanziert hat. In der Einrichtung soll Martin, der 2 Jahre lang die Schule nicht besucht hat, im Rahmen eines Arbeitstrainings Verbindlichkeit und Zuverlässigkeit lernen. Angedacht ist des Weiteren eine individuelle schulische Fördermaßnahme, die Martin für einen Hauptschulabschluss befähigen soll. Martin zeigt besonderes handwerkliches Geschick und Freude an der Arbeit. Lediglich beim Aufräumen der Arbeitsgegenstände ist er unzuverlässig und reagiert mit unkontrollierten Wutausbrüchen auf die Bitte, Arbeitsgeräte ordnungsgemäß wegzuräumen.

Die familiären Verhältnisse gelten als desolat. Martin hat zwei jüngere Geschwister, die ebenso wie er unter elterlicher Vernachlässigung leiden. Es ist bekannt, dass Martins Vater seine Frau und seinen ältesten Sohn körperlich gezüchtigt hat; die beiden jüngeren Geschwister hat er ignoriert.

Kritische Situation. Nach einer erfolgreichen Arbeitssitzung in der Tischlerei werden die Klienten gebeten, ihr Arbeitsmaterial ordnungsgemäß wegzuräumen. Beim Kontrollgang fällt auf, dass Martin Hammer, Säge und Feile auf seinem Arbeitsplatz hat liegen lassen. Noch bevor Martin die Tischlerei verlässt, winkt der Arbeitstherapeut Martin noch einmal zu sich: „Martin, du hast da noch einige Werkzeuge vergessen. Bitte räume sie zu den anderen in den Schrank." Martin starrt seinen Betreuer lediglich an und wendet sich wieder ab, um zu gehen. Der Betreuer hält Martin auf und legt ihm die Hand auf die Schuler: „Ich habe dich um etwas gebeten. Erledige die Aufgabe bitte direkt." Martin reißt sich los und schreit auf seinen Arbeitstherapeuten an: „Du Penner hast mich noch nie gemocht. Immer kommandierst du mich rum – nie jemand anderen. Wann hast du Mistkerl mich jemals gemocht." Wutschnaubend rennt er aus der Werkstatt.

Wodurch wird dieses Verhalten nun bestimmt? Die Frage kann nur dann abschließend beantwortet werden, wenn wir einige zentrale Aspekte der Problemanalyse, vor allem Martins Gedanken und Gefühle in einer Nachbearbeitung der kritischen Situation näher mit ihm diskutieren.

äußere Situation	Erfolgreiche Arbeitssitzung in der Tischlerei wird mit der Aufforderung beendet, dass Werkzeug wegzuräumen. Martin wird auf ein Versäumnis aufmerksam gemacht.
innere Situation	Martin fühlt sich aufgrund seiner handwerklichen Leistung zufrieden und selbstbewusst. Durch die Anweisung sieht er seinen Arbeitserfolg und seine Leistung in Frage gestellt und sein Selbstwertgefühl angegriffen.
Wahrnehmungsprozess	Auffallend ist, dass Martin die Bemerkung des Arbeitstherapeuten mit seiner handwerklichen Fähigkeit und seiner Leistungsfähigkeit verknüpft. Die tatsächliche Aussage des Betreuers nimmt Martin inhaltlich gar nicht richtig wahr. Auch die höfliche und sachliche Formulierung der Aufgabe überhört Martin.
Interpretation der Situation	Martin stellt die Aussage des Betreuers in den Zusammenhang einer Leistungsbeurteilung und definiert sie als Kritik an seinem Arbeitserfolg. Martin interpretiert die Anweisung als Herabsetzung seiner Persönlichkeit. Einen Zusammenhang zu der ‚Hausordnung' in der Tischlerei erkennt er nicht.

Bewertung der Situation

Die vermutete Herabsetzung durch seinen Arbeitstherapeuten empfindet Martin als unerwarteten Rückschlag. Seine Zufriedenheit macht er momentan von seiner handwerklichen Leistung abhängig; diese sieht er zu Unrecht kritisiert. Er zieht daraus den Schluss, als Person insgesamt wertlos zu sein. Diese Unsicherheit macht ihn wütend – sowohl auf sich selbst, weil er Anlass zu Kritik gegeben hat, als auch auf seinen Kritiker. Gleichzeitig schämt er sich, dass er nicht „Mann genug" ist, über einer Kritik zu stehen und die angemahnte Arbeit zu erledigen.

Handlungsvorbereitung

Martin steht im Konflikt zwischen den Impulsen, die wahrgenommene Kritik auf sich beruhen zu lassen und sich verteidigen zu wollen. Mit dem jähen Wechsel von Selbstzufriedenheit aufgrund des Arbeitserfolges und Selbstverachtung aufgrund der Aufforderung, eine Nachlässigkeit zu beheben, weiß Martin nicht umzugehen; sein erster Impuls, die Sache auf sich beruhen zu lassen, scheitert daran, dass Martin den Sachgegenstand der Aussage seines Arbeitstherapeuten für sich überhaupt nicht wahrgenommen hat. Die erneute Aufforderung, der Bitte nachzukommen, verstärkt für Martin den Impuls, sich verteidigen und schützen zu müssen. Er traut sich nicht zu, seine Gefühle von Unsicherheit unter Kontrolle zu halten; vielmehr befürchtet er, dass seine Unsicherheit ihn gedanklich weiterbeschäftigen wird, wenn er ihr nicht direkt Ausdruck verleiht. Martin fehlt jedoch die Kompetenz, seine Gefühle sachlich widerzuspiegeln. Er weiß nicht, mit welchen Worten er beschreiben soll, was ihn gerade beschäftigt. In der Zusammenfassung überwiegt jedoch der Impuls, „sich Luft zu machen".

Verhalten

Martins Verhaltensreaktion ist folgendermaßen zu beschreiben:

- motorisch: Martin versucht zunächst, der Situation auszuweichen. Bei der zweiten Aufforderung verleiht Martin seinem verletzten Selbstverwertgefühl durch Beleidigung und Beschimpfung seines Arbeitstherapeuten Ausdruck.
- emotional: Martin fühlt sich aufgrund der Kritik angegriffen und verunsichert. Diese Tatsache erfüllt ihn mit Wut und Scham.
- kognitiv: Martin hält sich für einen Versager. Er redet sich ein, dass sein Arbeitstherapeut ihn für wertlos hält; in seinen Gedanken legt er sich zurecht, dass sein Arbeitstherapeut ihn noch nie ernst genommen hat.
- physiologisch: Martin fühlt, wie sein Puls stetig steigt. Gleichzeitig merkt er, wie sich sein Magen verkrampft und er „einen Kloß im Hals" bekommt.

Konsequenzen

- innere Konsequenzen, kurzfristig: Martin fühlt sich nach seinem Gefühlsausbruch erleichtert. Er ist sogar ein wenig stolz auf sich, dass er die Kritik „nicht auf sich sitzen gelassen hat", sondern ihr heftig entgegen getreten ist. Er fühlt sich von seinem Betreuer nicht mehr herabgesetzt, sondern selbstbewusst und mit sich im Reinen.
- **innere Konsequenzen, langfristig:** Martin ist sich nicht sicher, ob sein Verhalten wirklich „mannhaft" war. Er glaubt, sich durch seine Gefühle eine Blöße gegeben zu haben; dieser Zweifel

nagt an ihm und macht ihn unsicher und reizbar. Martin überwacht mit Argusaugen, wie sein Arbeitstherapeut nun mit ihm umgeht – er hat das Gefühl, „auf der Hut sein zu müssen" und keine Fehler mehr machen zu dürfen. Ihn beschleicht die Angst, Fragen an seinen Arbeitstherapeuten stellen zu müssen, und weiß nicht, wie er an seinen Arbeitstherapeuten herantreten soll.

- **äußere Konsequenzen, kurzfristig:** Der Arbeitstherapeut holt Martin zurück und gibt ihm das Werkzeug zum Wegräumen in die Hand. Dabei weist er Martin auf die Hausordnung hin und rügt ihn für seine Weigerung.
- **äußere Konsequenzen, langfristig:** Der Arbeitstherapeut überlegt, wie Martin nicht nur für die handwerkliche Arbeiten zu begeistern ist, sondern sich auch an die Regeln hält. Er stellt Martin vor die Wahl: Entweder Martin befolgt die Regeln der Tischlereiarbeit oder er muss in seiner Freizeit die Aufräumarbeiten in der Tischlerei vornehmen.

einflussnehmende Pläne Martins Grundbedürfnis ist auf eine einfache Formel gebracht: Aufmerksamkeit. Aus seiner Ursprungsfamilie kennt Martin nur negative Aufmerksamkeit in Form von Schlägen und Aufmerksamkeit musste Martin provozieren: er ließ Spielzeug liegen, malte an die Wand, blieb länger aus als verabredet. Der Vater reagiert stets mit einem Befehl, deren Einhaltung er mit Gewaltanwendung sicherstellt. Martins zentrale Handlungsstrategie auf Anweisung ist vor diesem Hintergrund erklärbar: Er positioniert sich durch

Beschimpfungen, aber ohne auf den Gegenstand der Anweisung einzugehen. Danach bemüht er sich die Situation zu verlassen, um den erwarteten Schlägen zu entgehen. Dieser Plan „Positionierung und Weglaufen" hat sich in Martins Ursprungsfamilie bewährt.

Systemregeln

Sowohl in seiner Ursprungsfamilie als auch in der Drogenszene, in der Martin sich bewegt hat, war die Anrede „Penner" oder „Alter" typisch. Martin ist sich zwar darüber bewusst, dass Erziehungspersonen eigentlich anders angesprochen werden. Diese Regeln weiß er aber in einer hochemotionalen Situation nicht mehr anzuwenden.

Ansatzpunkte für Veränderung

Bei der Arbeit mit Martin sind die Maßnahmen an seinem Grundbedürfnis nach Aufmerksamkeit auszurichten. Martin muss erfahren, dass Aufmerksamkeit ihm unabhängig von seinen Fehlern zugewandt wird. Dies beinhaltet zum einem Lob während der Arbeit in der Tischlerei, zum anderen aber vielleicht auch Zeiten, die nur für Martin zur Verfügung stehen und in denen er bestimmen darf, was gemacht wird (gemeinsam reden, Sport treiben, spielen ...). Eine Sanktion darf bei Martin nichts mit dem Entzug von Aufmerksamkeit zu tun haben.Gleichzeitig muss Martin lernen, wie mit Kritik umzugehen ist. Es ist wichtig, Martin positive wie negative Rückmeldung zu geben: also nicht nur auf die vergessenen Werkzeuge hinzuweisen, sondern auch auf das, was Martin bereits gut gemacht hat. Etwa: „Martin, du hast ja heute wirklich sehr gründlich gefegt. Dein Arbeitsplatz sieht schon tip-top aus. Perfekt wäre es, wenn Du auch noch den Hammer wegräumst." Martin braucht Bestätigung, damit eine Anweisung nicht als Angriff auf den Selbstwert aufgefasst wird. Indem man Martins Bedürfnis nach Bestätigung ernst nimmt, können nach und nach Strategien zum Umgang mit Kritik aufgebaut werden. Martin muss lernen, zwischen seinen eigenen Emotionen und dem Sachgegenstand einer Anweisung zu unterscheiden. Vielleicht kann man mit Martin eine Regel vereinbaren, bei der Martin die Anweisung noch mal wiederholen soll. So könnte es gelingen, Martin den Sachgegenstand zu verdeutlichen. Martin muss gleichzeitig aber auch erfahren, dass er seinen Gefühlen Ausdruck verleihen darf, aber nach den Regeln der Höflichkeit und der Sachlichkeit. Wenn Martin Hinweise auf seine Gefühlslage gibt, sollte dies direkt positiv verstärkt werden: „Martin, ich finde es ganz toll, dass du das jetzt zugegeben hast."

5.3 Zum Aufdecken eigener Denkfehler – eine Übung

Im Alltag reagieren wir zumeist auf das, was wir zu sehen meinen. Wollen wir unsere Klienten jedoch verstehen lernen, so müssen wir uns darüber bewusst werden, mit welchen inneren Vorurteilen und Vermutungen wir ein Gespräch beginnen, also was wir unseren Klienten unabsichtlich unterstellen. Sich von diesen Vermutungen frei zu machen, ist ein langer und schwieriger Prozess. Genau wie unsere Klienten müssen wir üben und uns immer wieder selber auf die Finger schauen.

Die folgende Übung soll uns helfen, uns unserer eigenen Vermutungen bewusst zu werden und uns selber zu kontrollieren.

Übungsaufbau (Zwei Partner sitzen einander gegenüber.)

Phase 1 Die zwei Partner machen sich bewusst, was sie am anderen wahrnehmen und äußern ihre Wahrnehmung. Die Wahrnehmung kann sich auf Kleidung, Mimik, Gestik, Stimme, Haltung oder ähnliches beziehen. Wichtig ist, dass sich beide Partner ausschließlich auf ihre Wahrnehmung konzentrieren. Beispiel: Ich nehme wahr, dass du sehr farbige Kleidung trägst. Ich nehme wahr, dass du lächelst.

Phase 2 Die Partner verbinden nun die Wahrnehmungen mit den dadurch ausgelösten Vermutungen. Diese werden nicht kommentiert, sondern einfach nur in den Raum gestellt. Beispiel: „Ich nehme wahr, dass du sehr farbige Kleidung trägst und vermute, dass du ein sehr lebenslustiger Mensch bist."

Phase 3 Die Partner haben nun Zeit, ihre Vermutungen zu kommentieren. Der Schwerpunkt liegt dabei auf der Frage, ob die Vermutungen zutreffen oder nicht. Die Partner sollten sich die Zeit nehmen, zu überlegen, was ihre Vermutung wohl ausgelöst haben mag und wie ihre Vermutung zur tatsächlichen Erklärung der Wahrnehmung passt.

Hinweis: Es sollte strikt darauf geachtet werden, dass wirklich die Formeln „Ich nehme wahr ..." und „Ich vermute ..." genutzt werden. Im Sprachgebrauch muss der Unterschied zwischen Wahrnehmung und Vermutung bereits deutlich werden.

Auf einen Blick

- Das beobachtbare Verhalten stellt das Endergebnis eines zeitlich vorausgehenden und in Phasen verlaufenden Wahrnehmungs-und Bewertungsprozesses dar.
- In der ersten Phase werden ein äußeres Szenario und die damit verknüpften Stimmungen, Gefühle und Wünsche mit den Sinnesorganen neutral aufgenommen und zur gedanklichen Weiterverarbeitung vorbereitet.
- Darauf folgend findet eine Bewertung der Situation in Hinblick auf eigene Bedürfnisse, Ansprüche und Ziele statt. Diese Bewertung bestimmt maßgeblich die Entscheidung, ob in der Situation eine Handlung erfolgen und welcher wünschenswerte Endzustand erreicht werden soll.
- Die Handlungsvorbereitung orientiert sich neben dem Endziel an den zur Verfügung stehenden Handlungsstrategien, an den eigenen Fähigkeiten und Kompetenzen sowie an den erwarteten Konsequenzen einer Handlung. Daneben nehmen die individuellen Pläne, die persönlichen Handlungsnormen, sowie die in jedem Sozialsystem herrschenden Regeln Einfluss auf die Wahl der Handlung.
- Das Verhalten an sich ist auf unterschiedlichen Ebenen zu betrachten, darunter das beobachtbare Verhalten, Gefühle, Gedanken und die körperlichen Reaktionen.
- Auf jedes Verhalten folgen Konsequenzen, die nach der Dauer, der Qualität sowie dem Entstehungsort unterschieden werden können.

Eine effektive Veränderung muss auf jeder Ebene der Entwicklung ansetzen. Nur wenn alle Ebenen bedacht werden, können wir unseren Klienten eine wirksame Hilfestellung zur Veränderung geben.

KAPITEL **6**

In der Krise ...

Gleich. Gleich ist es soweit. Man kann schon erkennen, wie Lisa rote Flecken im Gesicht bekommt. Ein untrügliches Zeichen dafür, dass sie gleich „in die Luft geht". Besser in Deckung gehen ... Denn in der Krise ist Lisa unberechenbar. Sie schreit, sie spuckt, sie schlägt. In einer Krise ist Lisa schlicht nicht erreichbar.

Schnell reden wir von Krise, von Krisenmanagement und Krisenkommunikation. Die Begriffe werden beinahe inflationär gebraucht. Dabei stellt sich doch die Frage: Wann ist ein Konflikt überhaupt eine Krise? Und was unterscheidet die Krise so sehr von anderen Konflikten, dass wir ein spezielles Management und sogar eine spezielle Kommunikation brauchen?

6.1 Zwischen Konflikt und Krise

Der Begriff „Konflikt" leitet sich vom lateinischen Wort „confligere" ab und ist mit „aneinander geraten" und „kämpfen" übersetzt. Auch wenn der Begriff ursprünglich die Bedeutung einer körperlichen Konfrontation beinhaltete, wird heutzutage unter Konflikt jede Form der Auseinandersetzung verstanden, bei der sich Konfliktparteien mit unterschiedlichen Absichten gegenüberstehen.

Die soziale Konflikttheorie nach Rubin, Pruitt und Kim (1994) greift diesen Gedanken auf und definiert Konflikt als einen von den Streitparteien wahrgenommenen Interessenunterschied bzw. als eine Überzeugung, dass die gegenwärtigen Ziele zweier Parteien nicht simultan zu erreichen sind. Damit stellt sich ein Konflikt als Zusammenspiel zweier Komponenten dar: Zum einen muss von den jeweiligen Konfliktparteien ein Interessenunterschied wahrgenommen werden; zum anderen müssen die Konfliktparteien ihr jeweiliges Streben nach Verwirklichung der Interessen als unvereinbar ansehen. Die Forschergruppe argumentiert, dass gerade der wahrgenommene Interessenunterschied das konkrete Verhalten bestimmt und deswegen wertvolle Hinweise auf die Vorhersage des Verhaltens bietet. Deswegen gilt es, die Natur und die Entstehung eines Konfliktes genauer zu beleuchten. Der Begriff „Interesse" bezeichnet allgemein die Einschätzung, was für eine Person grundlegend wünschenswert oder wichtig ist; in der psychologischen Definition wird das Interesse mit einem Bedürfnis gleichgesetzt. Bedürfnisse motivieren unser Verhalten – damit auch mögliche Auseinandersetzungen, wenn unsere Bedürfnisse denjenigen eines Gegenübers entgegenstehen.

Für den Verlauf eines Konfliktes können wir drei verschiedene Stadien des Konfliktes ausmachen: Ein Konflikt kann eskalieren, deeskalieren oder stagnieren. Im Folgenden soll auf diese Konfliktphasen genauer eingegangen werden.

6.1.1 Eskalation

Der Begriff „Eskalation" wird in zwei unterschiedlichen Bedeutungen verwandt. Zum einen meint Eskalation, dass eine Konfliktpartei ihren Druck erhöht und zu drastischeren Maßnahmen und Taktiken zur Durchsetzung der eigenen Ziele greift. Zugleich wird der Begriff Eskalation aber auch im Sinne einer damit einhergehenden Intensitätssteigerung des Konfliktes als Ganzem verwandt. Diese Konfliktsteigerung geht mit gewissen Transformationen einher. Diese Transformationen treten zwar auf jeder Konfliktseite separat auf, beeinflussen aber den Konflikt als Ganzes, da eine Reaktion immer eine entsprechende Gegenreaktion hervorruft. Fängt Lisa an zu schreien, so nimmt auch unsere Stimmlautstärke zu. Plustert sich Joachim vor uns auf, so werden auch wir eine straffere Körperhaltung einnehmen. Zunächst kann man in eskalativen Phasen einen Übergang von eher „leichten" Durchsetzungsstrategien zu drastischeren feststellen: Während zu Beginn eines Konfliktes noch Versuche von Einschmeicheln oder sachlicher Argumentation vorherrschen, nehmen mit der Eskalation

Verhaltensweisen wie Drohungen oder Beschimpfungen zu. Wir können dabei nicht nur den Wechsel von sanften zu härteren Verhaltensalternativen feststellen, d. h. von Überzeugungsarbeit zu Zwang und von zuverlässigen und sachlichen Aussagen zu widersprüchlichen emotionalen Aussagen. Vielmehr nimmt auch die Anzahl der Streitpunkte rasch zu: Ein Streit über eine einzige Forderung wird in einer eskalativen Phase schnell zu einem Streit über multiple Forderungen. Die Diskussion um eine Verlängerung der Fernsehzeit wird zum Streit über Regelbewusstsein, die Frage nach einem vergessenen Werkzeug wird zur Auseinandersetzung um Schlampigkeit, der Hinweis auf eine Verspätung wird zum Vorwurf der Pflichtvergessenheit. Beide Parteien vertiefen sich in eskalativen Phasen zunehmend in den Konflikt und bemühen immer mehr Ressourcen und Ansätze, um den Konflikt in ihrem Sinne zu beenden. Das führt meist automatisch dazu, dass ein spezifischer Konfliktgegenstand generalisiert wird. Die Tendenz, konkrete Problemstellungen zu generalisieren, verschlechtert in der Regel die Gesprächsbeziehung zwischen uns und unseren Klienten, da die Kritik an einer Sache zunehmend als persönliche Kritik aufgefasst wird. Durch diese Transformationen ändert sich auch das Konfliktziel. Zu Beginn eines Konfliktes tendieren unsere Klienten dazu, ihren individuellen Vorteil in den Vordergrund zu stellen und ohne Rücksicht auf die festgelegten Regeln das Beste aus der Konfliktsituation herauszuholen. Eskaliert der Konflikt, besteht das Ziel nur noch darin, dem Konfliktpartner mehr Schaden zuzufügen, als man selber erleidet. So weicht das anfängliche Ziel einer möglichst effektiven Konfliktlösung dem Ziel der Schwächung bzw. Vernichtung des Gegenübers. Der Konfliktverlauf gerät damit in eine Art Teufelskreis: Eine Provokation ruft eine Gegenprovokation hervor, auf die mit immer drastischeren Maßnahmen reagiert wird.

Aus Sicht unserer Klienten findet ein typischer Konfliktverlauf zusammenfassend als Abfolge mehrer Konfliktstufen statt. Die folgende Darstellung stellt einen prototypischen eskalativen Verlauf dar; die Intensität der einzelnen Konfliktstufen hängt stark von der jeweiligen Konfliktsituation, den beteiligten Personen und deren Streitkultur sowie vom Streitthema ab.

Stufe 1: Verhärtung	Die Standpunkte verhärten sich und prallen aufeinander. Es besteht noch die Überzeugung, dass der Konflikt durch Gespräche und Verhandlung lösbar ist.	Lisa kommt 15 Minuten zu spät von ihrer Freundin in die Einrichtung zurück. Der Betreuer spricht Lisa auf die Verspätung an und verlangt eine Entschuldigung. Lisa erklärt, dass die Hausaufgaben etwas länger gedauert hätten. Eine Entschuldigung gibt Lisa nicht; vielmehr versucht sie ihre Verspätung zu rechtfertigen. Der Betreuer besteht trotz nachvollziehbarer Gründe zumindest auf einer Entschuldigung.
Stufe 2: Debatte	Beide Konfliktpartner polarisieren ihr Denken, ihre Emotionen und ihre Absicht. Es entwickelt sich ein ‚Schwarz-Weiß-Denken' sowie die Wahrnehmung von Überlegenheit und Unterlegenheit.	Lisa sieht gar nicht ein, sich zu entschuldigen. Schließlich sind diese vermaledeiten Matheaufgaben schuld. Eine Entschuldigung kommt auf gar keinen Fall in Frage, nicht einmal eine halbe; wenn es ihre Schuld wäre, vielleicht. Aber nicht so. Lisa fühlt sich herabgesetzt und unterlegen – das kann sie sich nicht bieten lassen. Lisas Betreuer besteht weiter auf der Entschuldigung. Aufgrund der nachvollziehbaren Erklärung mag

von einer Strafe abgesehen werden, aber eine Entschuldigung ist ein Akt der Höflichkeit, auf den nicht verzichtet werden darf. Wenn Lisa das auf die harte Tour lernen möchte, dann ist das so ...

Stufe 3: Taten

„Reden hilft nichts mehr." Auf das Scheitern von Sachargumenten folgt die Strategie der vollendeten Tatsachen: Statt Argumente werden Forderungen und Vorwürfe ausgetauscht. Empathie und gegenseitiges Verständnis gehen verloren; dafür steigt die Gefahr der Fehlinterpretation von Aussagen.

Lisa fährt ihren Betreuer an, dass er sie endlich in Ruhe lassen solle. Eine Entschuldigung könne er sich „abschminken". Immer sei er so pingelig, könne keine fünf gerade sein lassen und immer müsse sie das ausbaden. Bei anderen sei er schließlich auch nachsichtiger.

Lisas Betreuer weist darauf hin, dass er von einer Strafe absehe, aber die Entschuldigung schon ein Akt der Höflichkeit sei. So sehr er auch Verständnis für die Bearbeitung der Aufgaben habe, müsse Lisa doch nach den Regeln spielen. Lisa fasst diese Aussage als Kritik an ihrem Pflichtbewusstsein auf.

Stufe 4: Bildung von Koalitionen	Die Parteien schreiben sich gegenseitig negative Absichten und Rollen zu, was zu einer gegenseitigen Bekämpfung führt. Beide Parteien versuchen sich, durch Werbung von Anhängern einer Unterstützung zu versichern.	Lisa wirft ihrem Betreuer vor, sie „fertig machen" zu wollen und sie absichtlich so zu quälen. Sie vermutet einen Racheakt für den Wutausbruch von letzter Woche, bei dem sie die Hand gegen ihren Betreuer erhoben hat. Sie ist überzeugt, dass sie im Recht ist und ihr Betreuer kein Interesse an den wahren Gründen ihrer Verspätung hegt. Sie spricht ihre Zimmergenossin an: „Das siehst du doch auch so, nicht wahr? Er ist doch immer so, richtig?" Lisas Betreuer vermutet bei Lisa eine Trotzreaktion. Lisa reagiert meist auf Hinweise und Kritik mit Trotz. Dies scheint ihm eine dieser typischen Situationen zu sein. Deswegen besteht er weiter auf einer Entschuldigung.
Stufe 5: Gesichtsverlust	Öffentlich wird der Selbstwert des Gegenübers in Frage gestellt. Durch direkte Angriffe und gezielten Gesichtsverlust soll das Gegenüber zur Aufgabe bewegt werden.	Lisa greift ihren Betreuer mit wüsten Beschimpfungen an. Es fallen Bezeichnungen und Begriffe, die Lisas Betreuer nicht auf sich beruhen lassen kann und will. Er weist Lisa dar-

		auf hin, dass sie sich deutlich im Ton vergriffen hat und verlangt auch für die Beschimpfung eine Entschuldigung.
Stufe 6: Drohstrategien	Es setzt ein Prozess von Drohung und Gegendrohung ein; jeder Angriff auf die eigene Person wird mit einem Gegenangriff beantwortet. Der Konflikt wird zusätzlich dadurch beschleunigt, dass Ultimaten ausgesprochen werden.	Lisa schreit ihren Betreuer an: „Wenn du mich jetzt nicht sofort in Ruhe lässt, dann ... dann ..." Lisas Betreuer reagiert: „Was dann? du wirst dich jetzt sofort entschuldigen. Sofort. Oder du kannst den Besuch bei deiner Freundin morgen vergessen. Du hast noch eine Minute Bedenkzeit!"
Stufe 7: begrenzte Vernichtungs schläge	Das Gegenüber wird nicht mehr als Mensch mit eigenen Wünschen und Vorstellungen definiert, sondern nur noch als Gegner, den es zu besiegen gilt. Die Schädigung und physische wie psychische Verletzung des Gegenübers wird als Ziel und bei Erfolg als Gewinn betrachtet.	„Das kannst du gleich vergessen. Ich hasse dich – ich hasse hier alles. Du hast mich noch nie verstanden, du gefühlloser Hund. Ich werde mich nie, niemals bei dir entschuldigen." Lisa weiß, dass sich ihr Betreuer sehr um sie bemüht und immer ein offenes Ohr für ihre Sorgen hat. Sie weiß, dass sie ihn besonders damit treffen kann, ihm mangelndes Verständnis vorzuwerfen – und sie will ihn treffen.

		Lisas Betreuer reagiert wie von Lisa erwartet: ihre Verletzungen zeigen Wirkung. Er versucht sich zu verteidigen und wirft ihr stattdessen vor, sich wie ein Kleinkind aufzuführen. Das wiederum trifft Lisa, die sich schon als junge Frau fühlt.
Stufe 8: Zersplitterung	Das Konfliktziel ist nicht mehr die Durchsetzung der eigenen Interessen und Forderungen, sondern nur noch die Zerstörung und Auflösung des gegnerischen Systems.	Lisa und ihre Betreuer verstricken sich immer stärker in persönliche Vorwürfe – schon lange geht es nicht mehr um die Entschuldigung, sondern nur noch darum, den anderen in seiner Persönlichkeit zu verletzen.
Stufe 9: Gemeinsam in den Abgrund	Zur Erreichung der Vernichtung der Gegenpartei wird die absolute Konfrontation riskiert. Die Vernichtung der Gegenpartei wird selbst zum Preis der Selbstvernichtung in Kauf genommen. In der eigenen Wahrnehmung gibt es nur noch die Alternativen zu gewinnen oder unterzugehen.	Lisa besteht auf ihrer Weigerung, sich zu entschuldigen. Lisas Betreuer reißt der Geduldfaden: Er streicht Lisa die Freizeit für den Rest der Woche und gibt ihr Stubenarrest. Jeden Tag muss sie ihre Hausaufgaben bei ihm vorzeigen. Eigentlich hätte er sich mit einer Entschuldigung zufrieden geben wollen – aber Lisa wollte es so.

6.1.2 Pattsituationen und Deeskalation

Die Eskalation eines Konfliktes kann eine gewisse Zeit andauern, endet jedoch an einem bestimmten Punkt. Sie kann natürlich dadurch beendet werden, dass eine der Konfliktparteien sich endgültig durchsetzen kann oder aber dadurch, dass einer in die Forderungen des Gegenübers einwilligt. Doch in den meisten Fällen wird der Punkt erreicht, in dem beide Parteien die eskalative Fortführung des Konflikts als nicht mehr sinnvoll erleben und auf eine schnelle Beendigung des Konfliktes drängen. Rubin, Pruitt und Kim definieren gerade diesen Punkt als Pattsituation, in der der Konflikt vollständig stagniert. Eine Pattsituation bedeutet allerdings nur, dass sich die Konfliktparteien nicht weiter in der Eskalation eines Konfliktes engagieren. Eine Pattsituation bedeutet aber nicht, dass die Parteien bereit sind, aktiv an einer Konfliktlösung zu arbeiten. Lisa kann nicht nachgeben, was die Frage der Verspätung angeht – der Gesichtsverlust beim Zugeben eines Fehlers ist in ihrer Wahrnehmung viel mehr als das Risiko, den Konflikt durchzufechten. Die Pattsituation definiert sozusagen die maximale Intensität, die der Konflikt annehmen kann. In einer Pattsituation bleiben wenig Möglichkeiten für den weiteren Konfliktverlauf: Beide Verhandlungsparteien müssen einsehen, dass sie sich mit den jetzigen Strategien und Taktiken festgefahren haben, doch keine Verhandlungspartei ist gewillt nach- oder gar aufzugeben. Die einzige offene Option eines gemeinsamen Umgangs mit dem Konflikt ist der Versuch einer Problemlösung. Rubin, Pruitt und Kim (1994) argumentieren, dass eine Pattsituation durch den Ansatz zu einer Problemlösung automatisch zu einer Deeskalation des Konfliktes führt. Deeskalation verlangt, dass beide Parteien zwar ihre Ziele verteidigen, jedoch in Bezug auf die Zielerreichung flexibel sind bzw. werden. Rubin gibt zu bedenken, dass Deeskalation davon abhängig ist, ob man wieder einen Gesprächsfluss und damit einen Verhandlungsfluss einleiten kann. Dabei ist besonders wichtig, dass keine Partei ihr Gesicht verliert. Die Kommunikation muss sich demnach durch Offenheit und ernsthaftes Interesse an einer gemeinsamen Lösung auszeichnen.

6.1.3 Konflikte unter Krisenbedingungen

Was ist nun der Unterschied zwischen Konflikt und Krise? Krisensituationen (Hammer, 2001) zeichnen sich dabei durch fünf Attribute aus:

1. *Die Wahrnehmung ernsthafter Konsequenzen* führt zu einem Gefühl der Bedrohung, das die emotionale Aufregung im Vergleich zu einem sonstigen Konflikt erheblich steigert. Lisa weiß, dass die gesamte Auseinandersetzung Konsequenzen nach sich ziehen wird: Hausarrest, Freizeiteinschränkungen, neue Regeln, die es zu befolgen gilt. Allein das Wissen um eine derartig einschneidende Konsequenz bei einem Scheitern führt zu erhöhter emotionaler Erregung und gesteigertem Druck.

2. Insgesamt erfahren die Konfliktparteien aufgrund der möglichen Konsequenzen in einer Krisensituation *ein größeres Ausmaß an Stress und erhöhter emotionaler Erregung*. Lisa mag ihren Betreuer eigentlich. Sie weiß, dass sie sich auf ihn verlassen und ihm vertrauen kann. Deswegen wurmt es sie auch so, wenn er Kritik an ihr übt. Die Kritik wiederum macht Lisa wütend – und mit jedem Wort, das ihr Betreuer sagt, steigert sich ihre Wut.

3. Eine Krisensituation verlangt in ihrem Verlauf eine Entscheidung sowohl über den eigentlichen Konfliktgegenstand, als auch über das weitere Vorgehen der Konfliktlösung. Dieser *Entscheidungszwang* ist insofern kritisch, als eine Fehlentscheidung mit ernsthaften negativen Konsequenzen verbunden ist. Lisas Betreuer weiß, dass Lisa sich gerade in Konfliktsituationen schlecht unter Kontrolle hat; nicht selten endet eine Auseinandersetzung mit Lisa damit, dass sie die Hand erhebt und ihr Gegenüber schlägt. Er muss also abwägen, ob er Lisa schon in der Konfliktsituation auf die Konsequenzen ihrer Handlungen hinweist oder nicht. Schätzt er Lisas Wut in diesem Augenblick falsch ein, so begibt er sich selbst in die Gefahr, Opfer von Lisas Aggression zu werden.

4. Krisensituationen beinhalten Überraschungsmomente. Überraschungsmomente treten unerwartet ein und steigern die Wahrscheinlichkeit ernsthafter Konsequenzen um ein Vielfaches. Weder Lisa noch ihr Betreuer wissen, wohin sie ihre Auseinandersetzung führen wird. Jedes Wort kann das falsche sein und die Situation verschärfen.

5. Das Zeitintervall, innerhalb dessen die Krisensituation bewältigt werden muss, ist zudem begrenzt. Ein angemessener Umgang mit dem Konfliktgegenstand sowie der emotionalen Lage der Verhandlungsparteien ist unter *Zeitdruck* schwierig.

Unter den Bedingungen einer Krise steigt das Gefühl von Misstrauen unter den Konfliktparteien, was beide sensibel gegenüber persönlichen Angriffen werden lässt. Nach Hammer (2001) erleben Konfliktparteien eine Krise als chaotischen Prozess, der mit stark negativen Gefühlen und intensivem Stress verknüpft ist.

Wie ist nun einer solchen Krise zu begegnen? Ist sie zu verhindern oder kann nur auf sie reagiert werden?

6.2 Vom Frühwarnsystem zur Nachbereitung

Eine Krise entsteht nicht aus heiterem Himmel. Vielmehr gehen der Krise zwei Phasen voraus:

Zum einen gibt es die so genannte *Phase des Anflutens*, in der sich ein Konflikt ergibt und erste Anzeichen einer Eskalation vorherrschen. Anlass des Anflutens ist ein wahrgenommener Interessenunterschied, also ein Konflikt über ein bestimmtes Thema. Wie sich die Phase genau gestaltet ist individuell sehr unterschiedlich: Während Lisa direkt mit roten Flecken im Gesicht und einer sichtlichen Anspannung auf das Auftauchen eines Konfliktes reagiert, mag Melanie eine deutliche Coolness an den Tag legen, Manfred zieht sich zunächst in sich zurück.

Um einen Konflikt zu vermeiden und bereits in der Phase des Anflutens präventiv zu intervenieren, müssen wir im Arbeitsalltag vor allen Dingen eines tun: unsere Klienten aufmerksam beobachten. Wir müssen bei jedem Klienten individuelle Reaktionen auf Konflikte erfassen lernen: körperliche Veränderungen wie beispielsweise Schweißbildung, rote Flecken, Anspannung, als auch verändertes Verhalten wie beispielsweise ein ungewöhnlicher Rückzug oder eine besondere Zurückhaltung. Kennen wir die ganz individuelle Art auf einen Konflikt zu reagieren, können wir die damit verknüpften Anzeichen als Frühwarnsystem nutzen und ableiten, wann unsere Klienten für sich einen Konflikt erleben. In der Phase des Anflutens ist es möglich, dem Klienten Handlungsalternativen aufzuzeigen und sachlich auf ein erwünschtes Verhalten hinzuweisen. Vielleicht ist es aufgrund der Konflikterfahrung mit einem bestimmten Klienten auch sinnvoll oder sogar notwendig, ein Gespräch an dieser Stelle zu verweigern und einen Termin zur Diskussion des Konfliktthemas festzulegen. So kann man unter Umständen einer Eskalation komplett entgehen und stattdessen das Thema in sachlicher Form ansprechen, wenn sich die Gemüter beruhigt haben.

Zum anderen geht der Krise die *Phase der Eskalation* voraus, die sich als Endprodukt des Anflutens entwickelt. Der bereits dargestellte phasenhafte Verlauf der Eskalation kann als prototypisches Muster definiert werden. In jeder einzelnen Phase ist theoretisch ein Ausstieg möglich, wenn das Muster mit einer paradoxen oder unerwarteten Reaktion durchbrochen werden kann.

Ein eskalativer Verlauf des Konfliktes führt dazu, dass ein sachliches und planvolles Handeln vor allen Dingen auf Seiten unserer Klienten nicht mehr möglich ist. Dies liegt aber nicht etwa daran, dass unsere Klienten die Eskalation willentlich provozieren, sondern daran, dass unser Organismus uns bestimmte Entscheidungen schlicht abnimmt: Nehmen wir einen Reiz wahr, der aufgrund unserer Erfahrung als unangenehm, ja sogar als stressig empfunden wird, wird in unserem Körper ein evolutionär bedingtes Programm abgerufen: die so genannte Stressreaktion. Die *Stressreaktion* nimmt ihren Ausgang in der Bewertung eines Ereignisses als belastend wahr. *Mit dieser Bewertung wird eine Reaktion initiiert*, die als „Fight or Flight"-Reaktion bezeichnet wird: Der Körper stellt sich auf eine Auseinandersetzung ein und stellt alle körperlichen Prozesse auf einen Kampf oder eine Flucht um.

Stress ist ein uraltes genetisch bedingtes Reflexprogramm: Stand der Säbelzahntiger bei unseren Vorfahren im Höhleneingang, war keine Zeit mehr für planvolle Überlegung, für den Entwurf von Verhaltensstrategien und dem Abwägen von Handlungsalternativen. Gefordert war eine rasche Reaktion, sich entweder dem Kampf mit dem Tiger zu stellen oder die Flucht zu ergreifen. Sowohl für den Kampf als auch für die Flucht braucht der Körper besonders viel Energie im System der Muskeln, eine scharfe Wahrnehmung und gute Reflexe. Alle anderen Körperfunktionen sind bei Ansicht eines Säbelzahntigers eher unwichtig: Weder ist dann die Zeit, um die Weltformel zu entwickeln noch um seinem Auftrag der Reproduktion nachzukommen. Der Körper hat gelernt, sich auf die angemessene Reaktion vorzubereiten, die notwendigen körperlichen Ressourcen zur Verfügung und alle in der Situation unnötigen Körperfunktionen einzustellen. Dieses Programm hat sich auch in anderen herausfordernden Situationen bewährt: Stress ist eine nicht-spezifische Antwort des Körpers auf jede ungewöhnliche Anforderung, die an ihn gestellt wird (vgl. Abb. 6.1).

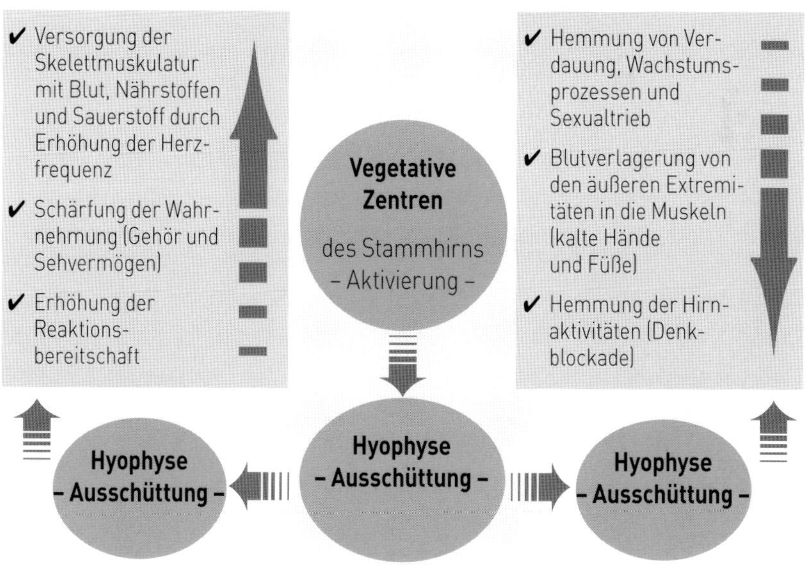

Abbildung 6.1: Reaktion des Körpers auf Stress

Was hilft uns die Kenntnis um Körperfunktionen? Einen Konflikt kann man als ein belastendes und damit stressiges Ereignis definieren. Die Konsequenz liegt auf der Hand: Der Organismus reagiert mit dem ihm bekannten Stressbewältigungsprogramm. Er zieht Energie aus planvoller Überlegung und Kontrolle ab und stellt sie der Reflexreaktion von Kampf und Flucht zur Verfügung. Provokant formuliert: Stress macht dumm und fördert eine körperliche Reaktion geradezu heraus.

Kann der eskalative Verlauf eines Konfliktes und damit die Erhöhung des Stresses nicht durchbrochen werden, so befinden wir uns in einer Krise, in der unsere Klienten Opfer ihrer Bewertung des Konfliktes als Stress und damit ihres Körpers werden. Sie können die Situation zunehmend nicht mehr realistisch einschätzen, Argumente nicht mehr gegeneinander abwägen, eigene Aussagen nicht mehr kontrollieren, ihre Wut nicht mehr zügeln und auch den Impuls, aggressiv und angreifend zu reagieren, kaum noch steuern. Selbst- und Fremdschutz ist in einer solchen Krise das oberste Gebot! Wir können eine Krise nicht rational steuern, haben kaum noch Möglichkeiten über ein Gespräch einzugreifen. Wir können nur eines Tun: Versuchen, die Krise durch eine laute, klare Ansage zu beenden und die Konfliktparteien voneinander zu trennen. Die Krisensituation muss aufgelöst werden. Es sind in diesem Moment keine Gedanken an die Lösung des Konfliktthemas zu verschwenden – es zählt einzig und allein die vom Körper vorbereitete Kampfhandlung zu verhindern.

Entscheidend ist, dass wir die Gefährlichkeit unserer Klienten richtig einschätzen lernen, dass wir erkennen, in welchem Stadium wir uns im Konfliktverlauf befinden: Ist eine Kommunikation noch möglich oder ist bereits das Stadium erreicht, wo eine Krise nur noch durch Auflösung der Situation beendet werden kann? Es gilt die Intervention an die Gefährlichkeit des Klienten anzupassen. Dringend sollten wir uns noch einmal ins Gedächtnis rufen, welchen rechtlichen Rahmenbedingungen unsere Interventionen unterliegen: Ein eigenes körperliches Eingreifen ist ausschließlich als Notwehrreaktion bei Selbst- oder Fremdgefährdung zulässig! Ansonsten sind zunächst alle kommunikativen Strategien oder Ausweichstrategien aus der Situation zu bedienen.

Leichte Aggression

- Die Person hat das körperliche Stadium erreicht, das Gegenüber verletzen zu können und zu wollen.
- Die Person droht dem Gegenüber an, dies unverzüglich zu tun.
- Die angedrohte Verletzung ist nicht ernsthaft, müsste bei Ausführung nicht medizinisch behandelt werden (Ohrfeige, kneifen, kratzen ...)

Einfache Körperverletzung

- Die Person hat das körperliche Stadium erreicht, das Gegenüber verletzen zu können und zu wollen.
- Die Person droht dem Gegenüber eine Verletzung an und setzt diese Drohung in die Tat um.
- Die Verletzung ist nicht ernsthaft und müsste nicht medizinisch behandelt werden (Ohrfeige, kneifen, kratzen ...).

Schwerer körperlicher Angriff

- Die Person hat das körperliche Stadium erreicht, das Gegenüber verletzen zu können und zu wollen.
- Die Person setzt eine Drohung zur Verletzung in die Tat um.
- Die Verletzung kann ernsthafte Folgen haben und müsste medizinisch behandelt werden.

INTERVENTION

Krisen-kommunikation

Krisen-kommunikation
Ausweichen

Krisen-kommunikation
Ausweichen
Notwehr-reaktion

Unser Organismus ist dem Grundprinzip des Ausgleichs unterworfen. Entsprechend versucht unser Organismus in einem automatischen Prozess ein gleichmäßiges und optimales Funktionsniveau aufrecht zu erhalten. Stress im Rahmen von Konflikteskalation und Krise empfindet der Organismus als starke Abweichung von diesem optimalen Niveau. Er strebt danach das normale Funktionslevel schnellstmöglich wiederherzustellen. Zwar stellt er zur Bewältigung der Stresssituation alle notwendigen körperlichen Ressourcen zur Verfügung. Dies ist aber vergleichbar mit einem Sprint: Kurzfristig sind vom Körper Höchstleistungen gefordert. Der Organismus versucht also die notwendigen Stressreaktionen zeitlich zu beschränken. Auf eine hohe emotionale Erregung folgt der Versuch des Ausgleichs, eine Phase der *Beruhigung*, in der das Funktionsniveau sogar unter den optimalen Stand sinkt. Die Beruhigung muss nicht von unserer Seite eingeleitet werden – vielmehr gehört auch sie zum evolutionär vorgegebenen Stressprogramm. Allerdings können wir die Phase der Beruhigung durch zusätzliche Maßnahmen unterstützen, sei es durch spezielle Entspannungsübungen, sei es durch Sportangebote, sei es durch Snoozle-Räume.

„Nach der Eskalation ist vor der Eskalation." Konnten wir eine Eskalation und eine nachfolgende Krise nicht verhindern, so ist es dringend erforderlich, den Konfliktverlauf mit dem Klienten zu diskutieren, Rahmenbedingungen und Verhaltensweise zu besprechen und damit eine *Klärung* des Konfliktes einzuleiten. Die *Klärung* dient nicht nur zur endgültigen Beilegung des Konfliktes. Vielmehr ist es ein Versuch, gemeinsam mit dem Klienten ein Verständnis für sein Verhalten in Konflikten zu erarbeiten und auf der Basis des Erkennens von Auslösern und Handlungsfehlern geeignete Verhaltensalternativen abzuleiten. Ausgehend von typischen Lernmechanismen ist es erforderlich, das Erlebte vorbehaltlos anzusprechen und durch unsere eigene Wahrnehmung und Beobachtung unserer Klienten zu ergänzen. Doch wir sollten uns darüber bewusst sein, dass das Wissen um Handlungsalternativen allein zu keiner Verhaltensänderung führt. Unsere Klienten müssen positive Erfahrungen mit einem alternativen Verhalten in Konfliktsituationen machen – es ist an uns, ihnen diese Chance auch zu geben und nicht beim nächsten Mal ein vollständig verändertes Verhalten zu erwarten. Jeder Versuch, konstruktiv mit einem unangemessenen Konfliktverhalten umzugehen und es im Sinne sozial erwünschter Verhaltensweisen zu verändern, muss von uns gesehen und unterstützt werden, um langfristige Veränderungen zu fördern.

Unter dem Begriff der Krise ist also zusammenfassend ein Verlauf von unterschiedlichen Phasen zu verstehen, die zusammengenommen die Krise und ihre Bewältigung ausmachen (vgl. Abb. 6.2).

Abbildung 6.2: Krisenverlauf (nach Thünemann)

Als Konsequenz aus dem Verlauf einer Krise können einige „goldene Regeln" für einen konstruktiven Umgang mit Konflikten abgeleitet werden, die uns im Alltag als Leitsätze dienen sollen:

1. Gewaltverzicht: Wenn ein Konflikt zu eskalieren droht oder schon eskaliert ist, bleibt als oberstes Gebot der Verzicht auf eine physische wie psychische Schädigung des Gegenübers. Jeder Ausdruck von Aggression würde als zusätzlicher Stress erlebt und eine aggressive Gegenreaktion hervorrufen.

2. Vertrauen: Die Lösung von Konflikten basiert auf gegenseitigem Vertrauen. Da ein Konflikt unter hohem Stress und Erregung stattfindet, können wir nicht erwarten, dass unser Gegenüber unseren Gedanken und Handlungen ohne weiteres folgen und sie sich erklären kann. Deswegen müssen wir unseren Klienten unser Vorgehen transparent machen und ohne eigene emotionale Erregung darstellen können.

3. Perspektivwechsel: Eine einseitige Schuldzuweisung behindert eine konstruktive Auseinandersetzung mit dem Konfliktthema massiv. Wird der Konflikt als gemeinsames Problem erkannt, eröffnen sich neue Sichtweisen und Ansatzpunkte, mit dem Gegenüber ins Gespräch zu kommen. Die Betonung von Gemeinsamkeiten mag darüber hinaus dazu führen, dass eine Annäherung an die Überzeugungen und Werte des Gegenübers stattfindet, soweit diese mit den festgelegten Regeln der Einrichtung vereinbar sind.

4. Gesprächsbereitschaft: Ohne Kontakt zur anderen Konfliktpartei sind die Wege für eine Entschärfung des explosiven Konfliktpotentials verbaut. Nachfragen und Gesprächsangebote können einen ersten Ansatz darstellen, den Konflikt beizulegen. Gesprächsangebote sind auch dazu geeignet, eine empathische Beziehung zum Gegenüber aufzubauen. Signalisieren wir unseren Klienten, dass ihre Sichtweisen und Meinungen von Interesse sind und im Rahmen der Konfliktlösung Berücksichtigung finden, wird der Aufbau von Vertrauen gefördert.

5. Dialogfähigkeit: Über den Dialog lernen die Kontrahenten, sich als Konfliktpartner zu begreifen. Aus gegenseitigem Verständnis wächst die Bereitschaft, eine gemeinsame Lösung zu suchen. Wir müssen versuchen, uns als Partner anzubieten und damit unseren Status als Gegner abzubauen.

Dies setzt voraus, dass wir uns in einem Konflikt zeitweilig von unseren Zielen lösen und uns auf die Perspektive des Gegenübers einlassen. Wenn die Eskalation abgewendet ist, können wir erneut unsere Ziele und Forderungen ansprechen.

6. Vermittlung: Manchmal sind auch wir emotional stark am Konflikt beteiligt, so dass es uns schwerfällt, unsere eigenen Emotionen, Meinungen und Forderungen zurückzustellen. Wenn ein Dialog deshalb nicht zustande kommt, ist die Lage keineswegs hoffnungslos. Vielmehr sollten wir uns nicht scheuen, in einer solchen Situation eine „dritte objektive Partei" um Vermittlung zu bitten.

7. Fair Play: Vertrauen ist auch durch ein faires, nachvollziehbares Verhalten bedingt. Wünschenswert ist es, wenn beide Parteien sich auf gemeinsame Regeln für die Bearbeitung des Konfliktes einigen könnten. Doch selbst wenn unsere Klienten in einer Krise die Regeln einer fairen Auseinandersetzung vernachlässigen, sollte sich unser Verhalten stets am Maßstab der Fairness orientieren.

Und was ist mit Lisa? Lisa hat die Aufforderung zur Entschuldigung als Provokation fehlgedeutet und so das körpereigene Stressprogramm aktiviert. Einmal initiiert hat Lisas Organismus die Kampfhandlung vorbereitet – Lisa will den Konflikt nur noch gewinnen. Spätestens seit dem Vorwurf, ihr Betreuer sei nur bei ihr zu streng und zu anderen nachsichtiger, hat Lisa den Pfad rational-sachlicher Diskussion verlassen und den emotional bestimmten Pfad des Kampfes beschritten. Die weitere Eskalation kann Lisas Betreuer eigentlich nur durch Beendigung der Situation verhindern. Die Konfliktlösung, d. h. die Verdeutlichung, dass die Gründe für die Verspätung akzeptiert, lediglich der Umgang mit der Verspätung kritisiert wurden, kann erst nach der Beruhigung in der Phase der Klärung erfolgen.

6.3 Von Löwen und Schnecken – eine Übung

Für den effektiven Umgang mit Konflikten ist es unabdinglich, dass wir unsere Klienten genau beobachten und ihre Konfliktmuster erkennen lernen. Die folgende Übung soll eine Hilfestellung zur Identifikation unterschiedlicher Streittypen sein und gleichzeitig eine Möglichkeit zur Nachbesprechung von Krisen in der Gruppe darstellen.

Übungsaufbau

Es werden vier Karten ausgeteilt, auf denen jeweils ein Tier benannt ist, das symbolisch für ein typisches Verhalten in Konfliktssituationen steht. Darunter:

1. Löwe	Powertyp
2. Schnecke	Maurer und Verschanzer
3. Schlange	Kränker
4. Igel	Mischung aus Maurer und Kränker

Entsprechend dem eigenen Konfliktverhalten ordnen sich die Teilnehmer einer Tierart zu und bilden so Kleingruppen, in denen sie sich über die eigenen Einschätzungen und Verhaltensweisen austauschen können. Die Teilnehmer werden nun gebeten, sich zunächst die anderen Kleingruppen anzuschauen und zu überlegen, ob sie ihre Kollegen wohl diesen Streittypen zugeordnet hätten. Zwischen den Kleingruppen sollte darüber hinaus eine Diskussion angeregt werden, welche Streittypen wohl in einer konkreten Konfliktsituation gut miteinander auskommen könnten und wo eine Eskalation vorprogrammiert ist.

Im Anschluss werden die Kleingruppen aufgefordert, sich eine Konfliktszene auszumalen, in der das typische Verhalten eines Streittyps besonders gut verdeutlicht werden kann. Diese Szene soll den anderen Teilnehmer vorgespielt werden, um eine gemeinsame Auswertung nach folgenden Fragestellungen vornehmen zu können:

- ✔ Worin liegt die besondere Macht der verschiedenen Streittypen?
- ✔ Welche Streittypen neigen in der der Auseinandersetzung zur Eskalation?
- ✔ Welche kurzfristigen Ziele werden jeweils verfolgt?
- ✔ Welche Bedürfnisse liegen den Streitmustern zugrunde?

Hinweise: Allen Streittypen ist gemeinsam, dass sie keine Wahrnehmung für die eigene Macht und ihr Bedürfnis nach Kontrolle haben, sondern eine ausschließlich auf den Konfliktpartner ausgerichtete Wahrnehmung pflegen. Die nachfolgenden Überlegungen können Sie als zusätzliche Informationen in die Gruppendiskussion einbringen.

Löwe

Überzeugung	Bedürfnis	Beziehungsangebot	Nutzeffekt
Ich schütze mich durch eine direkte und eindeutige Reaktion. Gefühle haben absoluten Vorrang und müssen direkt ausgedrückt werden.	Löwen haben Angst davor, nicht wahrgenommen zu werden, aber gleichzeitig auch davor, sich wirklich auf jemand anderen einzulassen. Sein Grundbedürfnis ist das Bedürfnis nach Aufmerksamkeit und Bestätigung.	Löwen müssen im Streit erfahren, dass das Gegenüber in die Beziehung zum Löwen zu investieren bereit ist.	Im Kontakt mit einem Verschanzer wertet der Löwe dessen Sturheit ab und sich dadurch auf. Die Gemeinheit eines Kränkers hingegen führt dazu, dass der Löwe sich selber als fair erleben kann.

Schnecke

Überzeugung	Bedürfnis	Beziehungsangebot	Nutzeffekt
Ich schütze mich, indem ich mich bei Bagatellen nicht sofort aufrege. Ich kann es mir leisten, mehr für dich und unsere Beziehung zu tun als für mich.	Eine Schnecke erlebt einen Konflikt grundsätzlich als Bedrohung und fürchtet, negativ bewertet zu werden. Ihr Grundbedürfnis ist eines nach Bestätigung und unbedingter Akzeptanz.	Schnecken müssen im Streit erfahren, dass ein Konflikt ein Sachthema betrifft und sie nicht als Person in Frage gestellt werden.	Die Schnecke bewertet die emotionale Reaktion des Löwen wie auch die Gemeinheit des Kränkers als beziehungsschädlich und kann sich dadurch selber aufwerten.

Schlange

Überzeugung	Bedürfnis	Beziehungsangebot	Nutzeffekt
Ich weiß, wie ich dich um den Finger wickeln und eine Reaktion von dir einfordern kann.	Die Schlange vermeidet in einem Konflikt, Schwäche zu zeigen. Sie fordert bewusst eine Reaktion vom Gegenüber, um sich selbst wahr- und ernst nehmen zu können. Im Kern hat die Schlange das Bedürfnis nach unbedingter Liebe.	Schlangen müssen erfahren, dass sie als Person angenommen sind, man sich allerdings trotzdem nicht auf ihr manipulatives Spiel einlässt.	Die Schlange verachtet den Löwen für seine emotionale Reaktion und die Schnecke für ihren Rückzug. Die Verachtung gibt der Schlange das Gefühl von hohem Selbstwert.

Literaturnachweis

Hammer, M. R. (2001). Conflict negotiations under crisis conditions. In Eadie, W. F., Nelson, P. E. (Eds.). The language of conflict and Resolution (pp. 57 – 80). Sage,Thousand Oaks, CA.

Rubin, J. Z., Pruitt, D. G., Kim, S. H. (1994). Social conflict – escalation, stalemate and settlement (2nd ed.). McGraw-Hill, New York.

Auf einen Blick

- Ein Konflikt beruht auf der Wahrnehmung von unterschiedlichen, simultan nicht zu erfüllenden Interessen. Ein Konflikt kann im Sinne einer Konflikt-steigerung und Verhärtung von Positionen eskalieren, stagnieren oder im Rahmen einer Problemlösung deeskalieren.
- Ein Konflikt ist nicht gleichzeitig eine Krise. Von einer Krise ist erst dann zu sprechen, wenn ein Konflikt über einen bestimmten Punkt hinaus eskaliert und die rational-sachliche Konfliktführung einer emotional gesteuerten Stressreaktion weicht. Eine Krise zeichnet sich vornehmlich durch die Wahrnehmung ernsthafter Konsequenzen des eigenen und fremden Verhaltens und einer dadurch bedingten erhöhten emotionalen Erregung aus. Der Handlungszwang sowie die Wahrnehmung ernsthafter Konsequenzen führen zu einer Initiierung körpereigener Stressreaktionen, die reflexartig ablaufen und eine rationale Konfliktbearbeitung verhindern. Eine Krise ist damit Endprodukt einer ungehindert ablaufenden Konflikteskalation.
- Je nachdem, wie weit der Konflikt bereits eskaliert ist und wie die Gefährlichkeit unseres Gegenübers einzuschätzen ist, stehen uns unterschiedliche Interventionsmöglichkeiten zur Verfügung. Zu bedenken ist, dass nur in Konfliktphasen mit geringer emotionaler Erregung eine sachliche Diskussion möglich ist. Sobald der Konflikt krisenhaften Charakter angenommen hat, ist eine rationale Ansprache unmöglich und die Auflösung der Situation ist eine unserer wenigen Handlungsoptionen.
- Im Sinne einer Prävention muss eine Krise detailliert nachbearbeitet werden. Abgeleitete Handlungsalternativen dürfen mit dem Klienten nicht nur theoretisch besprochen werden, sondern müssen praktisch angewandt und inÜbungen umgesetzt werden. Nur bei positiver Erfahrung mit alternativem Konfliktverhalten können wir davon ausgehen, dass auch ein Lernprozess einsetzt.

Krisen stellen eine Herausforderung unserer Arbeit dar und sind nicht selten mit hoher Selbst- und Fremdgefährdung verbunden. Ein effektives Konfliktmanagement führt im Idealfall dazu, dass ein Konflikt in rationaler Kommunikation gelöst werden kann. Ist eine Konflikteskalation nicht zu vermeiden, stehen wir vor manchmal unbezwingbaren Aufgabe, selber Ruhe zu bewahren und keinen weiteren Zündstoff zur Eskalation zu liefern.

KAPITEL **7**

Vereinfachung der Wirklichkeit – von Hackenklebern und Kränkern

Melanie tituliert uns ständig als „alter Sack" oder „Schlampe", Robert zeigt uns einen „Vogel", wenn wir ihn ans Aufräumen erinnern, Judith stochert lustlos in ihrem Essen herum und baut Burgen aus Kartoffelpüree und Spinat, Joachim schmiert schon wieder nur ein paar Sätze aufs Papier, obwohl doch ein Aufsatz gefordert ist ... Kleinigkeiten, bei denen wir fünf gerade sein lassen können? Oder doch Situationen, in denen eine deutliche Sanktion erfolgen muss?

7.1 Einen Konflikt managen ...

Ein wesentlicher Bestandteil des Konfliktmanagements ist es, durch Prävention auf die Entstehung von Krisen und damit von Gewalt und Aggression einzuwirken. Um Konflikte als Ausgangspunkt von Krisen zu vermeiden, ist es wichtig, Klarheit zu schaffen: Eindeutige Regeln zu formulieren, diese konsequent anzuwenden und das eigene Verhalten gegenüber unseren Klienten transparent zu gestalten. Auf welches Verhalten wir reagieren, hängt stark davon ab, auf welche Regeln wir uns innerhalb der Einrichtung geeinigt haben.

Das Verhalten unserer Klienten kann man grob in drei Kategorien einteilen: erwünschtes, unerwünschtes und Tabuverhalten. Das sozial erwünschte Verhalten gilt es zu fördern und positiv zu verstärken. Sozial erwünscht ist ein höfliches, wertschätzendes Verhalten, der Verzicht auf Gewalt und

Drogenkonsum, aber auch die Einhaltung von Regeln sowie besonders gute und überraschende Leistungen. Es ist wichtig, im Rahmen von erwünschtem Verhalten auch eine Annäherung an das Idealverhalten zu erkennen und entsprechend zu fördern (vgl. Kapitel 4 – Shaping). Für viele unserer Klienten ist es beispielsweise ein großer Fortschritt, höfliche Formulierungen mit den Begriffen „bitte" und „danke" zu benutzen, während dies für uns eine Selbstverständlichkeit ist. Die Förderung erwünschten Verhaltens setzt große Sensibilität voraus, Annäherungen an erwünschtes Verhalten zu sehen und genauso konsequent zu unterstützen wie ein ideales soziales Verhalten.

Unerwünschtes Verhalten – was ist das überhaupt? Unerwünscht ist sicherlich ein klarer Verstoß gegen Regeln und Verbote, unerwünscht ist jegliches Verhalten, das sogar strafrechtliche Konsequenzen nach sich ziehen kann. Aber ist das Spielen mit Kartoffelpüree und Spinat bei Tisch ein zu sanktionierender Regelbruch oder lediglich mit den von Knigge festgelegten Manieren bei Tisch nicht vereinbar? Ist die Benennung als „Hey, Alte" nun ein Ausdruck mangelnden Respekts vor unserer Position oder unserem Alter oder gerade die in der heutigen Jugendsprache gängige Bezeichnung für eine erwachsene Respektsperson? Und selbst wenn die Benennung als „Alte" ein Ausdruck von Respekt und Anerkennung gemeint ist, wollen wir dies wohlwollend zulassen und akzeptieren? Unerwünschtes Verhalten ist bei näherer Betrachtung kein einheitliches Konstrukt. Es ist nicht eindeutig definiert. Vielleicht ist dies auch gar nicht abschließend möglich: Viele Verhaltensweisen sind in der einen Situation durchaus angemessen, wenn auch nicht zwingend sozial erwünscht, in anderen Situationen wiederum ein klarer Verstoß gegen gängige soziale Regeln. Nehmen wir beispielsweise die Lüge: Ist von uns die Meinung über ein neues, unserer Meinung nach verfehltes Kleidungsstück gefordert, mögen wir uns der so genannten Notlüge bedienen, einer diplomatisch umformulierten Variante der Wahrheit, um unser Gegenüber nicht zu kränken. Kurz: Wir lügen aus einem sozial durchaus verständlichen Grund, was die Lüge nicht richtiger oder gar akzeptabel macht, aber aus einer sozialen Perspektive rechtfertigt. Lügen wir hingegen über den Verbleib von Geld oder auf die Frage, ob wir eine bestimmte Information unerlaubt weitergegeben haben, ist kein sozial akzeptabler Rechtfertigungsgrund gegeben und unser Verhalten damit klar ein Verstoß gegen das Gebot der Ehrlichkeit. Unerwünschtes Verhalten gliedert sich demnach in zwei Kategorien: In einen „gelben Bereich", der Verhaltensweisen umfasst, die je nach Situation als erlaubt oder verboten definiert werden müssen und eine Art Verhandlungsmasse darstellen, und in einen „roten Bereich", in dem Verhaltensweisen zusammengefasst sind, die unabhängig von der Situation als unerwünscht und verboten gelten (vgl. Abb. 7.1).

Eine Reaktion auf unerwünschtes Verhalten verlangt von uns als Einzelpersonen, aber vor allen Dingen von uns als Betreuungsteam eine Einigung über zu sanktionierende Verhaltensweisen. Wir müssen festlegen, ob wir beispielsweise auf „die Alte" reagieren möchten oder nicht – nur so ist es möglich, unser Verhalten konsequent und für unsere Klienten transparent zu gestalten.

Abbildung 7.1: Gliederung von Verhalten (nach Thünemann)

Das Tabuverhalten ist ein Verhalten, das wir in der Einrichtung unter keinen Umständen dulden können. Absolutes Tabuverhalten umfasst in den meisten Einrichtungen körperliche Angriffe auf die Betreuer oder andere Klienten, aber in der Regel auch Verhalten wie Drogenkonsum, Diebstahl oder dergleichen. Auch hier gibt es nicht zwingend eine einheitliche Definition – vielmehr ist absolutes Tabuverhalten auch davon abhängig, in welchem Kontext wir mit unseren Klienten arbeiten. In der Drogenhilfe anzunehmen, unsere Klienten würden nie wieder Drogen konsumieren und Drogenkonsum folglich als absolutes Tabuverhalten zu definieren, das sogar zum Ausschluss aus der Einrichtung führen kann, geht an den Bedürfnissen und vor allen Dingen an den Lernmöglichkeiten unserer Klienten vorbei. Drogenkonsum in einer Wohngruppe für verhaltensauffällige Jugendliche als Tabuverhalten festzulegen, mag dagegen sinnvoll sein. Auf den Punkt gebracht ist auch Tabuverhalten kein vorgegebenes Konstrukt, sondern muss im Rahmen unserer jeweiligen Einrichtungskonzeption von uns festgelegt, und umschrieben und mit entsprechenden Sanktionen belegt werden. Dabei ist zu bedenken, welche Probleme und Störungsbilder unsere Klienten aufweisen und mit welchem Verhalten aufgrund ihrer Störungen zu rechnen ist. Was wir aus unserer Perspektive als absolutes Tabu empfinden mögen, kann schlicht zum Störungsbild unserer Klienten gehören und nicht ohne weiteres durch ein Verbot einzuschränken sein. Was heißt das für unsere Arbeit? Sanktionen müssen sich an den Störungsbildern unserer Klienten orientieren, gerade was einen möglichen Ausschluss aus der Einrichtung angeht. Ansonsten ist davon auszugehen, dass das Verhalten und die Maßnahme stark miteinander korrelieren: Je stärker ein Regelverstoß, desto stärker wird die Sanktion ausfallen.

Wie genau wir auf das einzelne Verhalten reagieren, hängt auch maßgeblich davon ab, ob es sich um eine psychiatrische oder um eine pädagogisch-therapeutische Auffälligkeit handelt. Im ersten Fall sind medizinische oder medikamentöse Interventionen angezeigt. Im zweiten Fall versuchen wir, durch entsprechende Interventionen erwünschtes Verhalten herzustellen und Grenzverletzungen durch Sanktionen zu vermeiden (vgl. Abb. 7.2).

Abbildung 7.2: Intervention und Sanktion (nach Thünemann)

Für jeden unserer Klienten die optimale Intervention und Sanktion zu finden, setzt voraus, dass wir jeden unserer Klienten genau beobachtet und kennen gelernt haben. Doch die Situationen, in denen wir intervenieren oder sanktionieren müssen, beginnen in dem Moment, in dem der Klient die Einrichtung zum ersten Mal betritt, d. h. oftmals müssen wir auf der Basis von nur unvollständigen Informationen geeignete Maßnahmen der Intervention oder Sanktion finden.

Das Modell der Aggressionstypen von Andreas Dutschmann mag uns als Hilfsmittel dienen, um unterschiedliche Konflikttypen schnell und typisiert zu erfassen. Modelle bilden selbstverständlich die Realität nur ausschnittartig ab, sie vernachlässigen Details zugunsten von abstrahierten Verhaltensmustern. Doch genau mit dieser Zusammenfassung relevanter Verhaltensaspekte ermöglichen sie uns auch ohne genaue Kenntnis jedes einzelnen Klienten, Verhaltensmuster zu erkennen und Ansatzpunkte für Intervention und Sanktion abzuleiten. Modelle sind somit Instrumente, um die Realität schnell und effektiv zu erfassen und handlungssicher zu reagieren.

Dutschmann postuliert drei Verhaltenstypen, die sich im Grad der jeweiligen aggressiven Erregung in Konfliktsituationen unterscheiden:

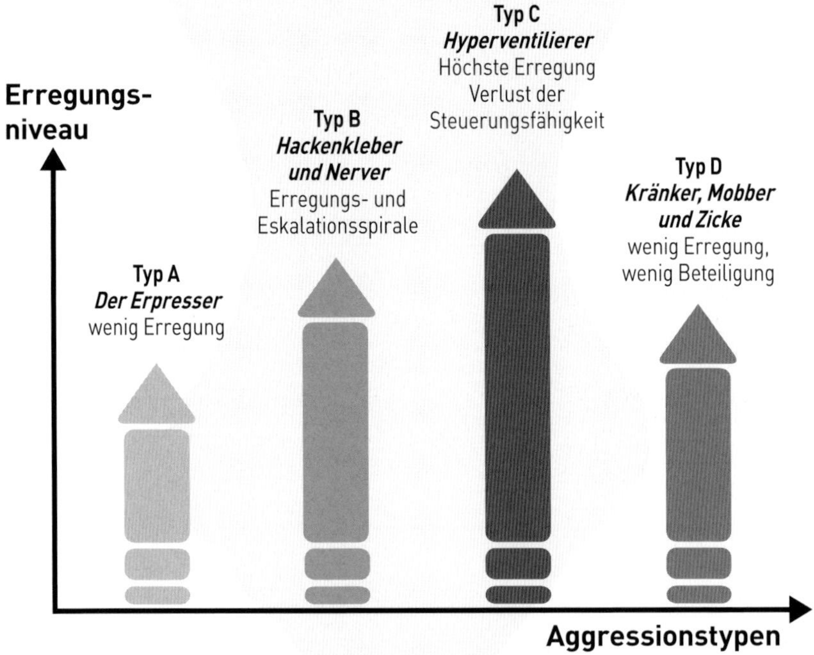

Abbildung 7.3: Erregungstypen nach Dutschmann, der Typ D wurde von Kurt Thünemann mit dem Kinderheim St. Josefshaus in Essen Kettwig entwickelt.

Die Zuweisung eines Klienten zu einem dieser vier Aggressionstypen soll als eine Art Eingangshypothese dienen: Die Hypothese gibt erste Hinweise darauf, welche Situationsaspekte den Klienten zum Konflikt bewegen, welche Situationsaspekte den Konflikt aufrecht erhalten und wo angesetzt werden kann, um das Konfliktmuster zu brechen. Dabei muss im Hinterkopf behalten werden, dass die von Dutschmann entwickelten Aggressionstypen idealisierte Prototypen darstellen; in der Realität sind auch alle Mischformen möglich. Als Hilfestellung zu einem effektiven Konfliktmanagement sollen im Folgenden die Aggressionstypen nach Dutschmann vorgestellt und in Hinblick auf Interventions- und Sanktionsmöglichkeiten diskutiert werden.

7.2 Der Erpresser – Typ A

Sebastian – ja, Sebastian den können wir eigentlich ganz gut leiden. Sebastian ist immer so zuvorkommend, er hält uns Betreuern sogar die Tür auf – und das ganz ohne Spott oder Verachtung. Und er bemüht sich immer sehr, allen Aufgaben pflichtbewusst und zu unserer vollsten Zufriedenheit nachzukommen. Eigentlich wäre Sebastian wirklich ein mustergültiger Knabe, wenn da nicht immer diese geheimen konspirativen Treffen nach der Taschengeldausgabe in seinem Zimmer wären, wenn nicht andere Klienten in der Einrichtung bei der Erwähnung von Sebastians Namen weiche Knie bekämen und sich beeilen, gut von ihm zu sprechen, wenn da nicht im Zusammenhang von Konflikten Sebastians Name zwar auftaucht, er aber irgendwie nie richtig zu fassen ist, wenn da nicht ...

Aggressionstyp A beschreibt einen Menschen mit zwei sehr unterschiedlichen Gesichtern: Nach außen zeigt Typ A kein oder nur ein sehr geringes Erregungslevel - er rastet nicht aus, streitet selten, nimmt Kritik vordergründig sogar an, nichts scheint Typ A aus der Ruhe zu bringen. Wird Typ A wirklich einmal auf einen Verstoß hingewiesen, so beteuert er an dem Verstoß unschuldig zu sein und weist darauf hin, stets ehrlich und pflichtgetreu zu handeln. Zu gerne würden wir Typ A diese Versicherung auch glauben, schließlich überzeugt Typ A in der Regel nicht nur durch ein attraktives Äußeres, sondern vor allen Dingen durch eine zuvorkommende, charmante Art gegenüber uns Betreuern. Typ A ist ein „Sunnyboy", der unser wohlwollendes Auge auch durch Zielstrebigkeit und Leistungsfähigkeit in schulischen und einrichtungsinternen Aufgaben auf sich zu ziehen weiß. Typ A weiß dieses Image der „weißen Weste" zu pflegen: „Guten Morgen", „bitte" und „danke" gehören zu seinem selbstverständlichen Wortschatz, er entschuldigt sich und leistet – vordergründig – Wiedergutmachung. Wer Typ A nicht besser kennt, bescheinigt ihm eine hohe soziale Kompetenz und ein gutes Selbstbewusstsein.

Denn hinter den Kulissen legt Typ A ein ganz anderes Verhalten an den Tag: Typ A ist der selbstbestimmte Gruppenleiter der Klienten in einer Einrichtung. Diesen Anspruch verteidigt er dadurch, dass er andere Klienten eng an sich bindet – kurz: Nicht er verteidigt seinen Anspruch, sondern seine Gefolgsleute. Typ A regiert seine Gefolgsleute „mit Zuckerbrot und Peitsche": Er gibt ihnen das Gefühl von ihm gemocht und wertgeschätzt zu werden und präsentiert sich als ein sehr enger, vertrauensvoller Freund. Mögliche Gefolgsleute lassen sich von dem nach außen präsentierten Image des „ehrlichen Mannes/der ehrlichen Frau" blenden, vertrauen sich Typ A an und geben ihm dadurch sehr viel Wissen und damit Macht über sich. Typ A weiß diese Macht zu nutzen. Er überträgt unangenehme Aufgaben auf seine Gefolgsleute, lässt sie die berühmt-berüchtigte „Drecksarbeit" erledigen, auch was das Ausfechten von Konflikten unter den Klienten angeht. So ist Typ A niemals direkt am Konflikt beteiligt, obwohl er doch Anlass des Konfliktes oder der Konfliktpartei ist. Typ A lässt für sich agieren und belohnt seine Gefolgsleute mit Aufmerksamkeit und Anerkennung, bestraft sie aber bei Nachlässigkeit durch Aufmerksamkeitsentzug und die Drohung, Wissen über sie preiszugeben.

Kurz zusammengefasst: Typ A ist der Typ „Betrüger", ein nach außen hin angepasster Klient, der im Verborgenen seine manipulativen Fähigkeiten zur Bestimmung und Führung der Gruppe nutzt. Typ A ist sehr gut in die Gruppe integriert, er ist ihr Mittelpunkt und vermag es deswegen, mit und durch die Gruppe zu agieren (vgl. Abb. 7.4).

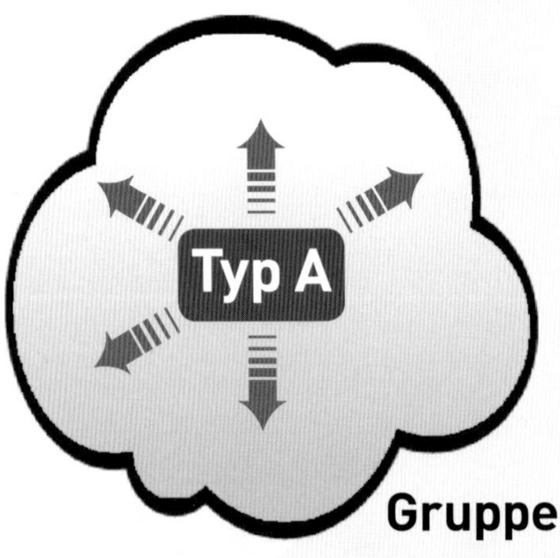

Abbildung 7.4: Typ A und die Gruppe

So angenehm uns Typ A aufgrund seiner Anpassung an die Einrichtungsregeln und die Einrichtungsstruktur im Alltag auch erscheinen mag, wir laufen Gefahr, dass Typ A uns das Heft aus der Hand nimmt und die Gruppe der Klienten maßgeblich beeinflusst. Da Typ A sich fast ausschließlich im Bereich des erwünschten und diskussionswürdig unerwünschten Verhaltens bewegt, beschränken sich unsere Reaktionsmöglichkeiten auf eingrenzende pädagogische Interventionen.

Typ A lebt von unserem Lob und unserem Wohlwollen. Er hofft darauf, dass wir uns von seiner Angepasstheit blenden lassen und seine Machenschaften deswegen zulassen. Bei Typ A ist es deswegen wichtig, mit Lob und positiver Verstärkung sparsam umzugehen. Selbstverständlich müssen wir sozial angemessenes Verhalten entsprechend anerkennen, aber lediglich das *Verhalten.* Typ A überzeugt ja gerade durch eine positive Selbstdarstellung, durch seine Beteuerungen von Ehrlichkeit, durch charmante Formulierungen. Sein Auftreten ist seine Stärke. Wir müssen beginnen Typ A an seinen Taten zu messen und dieses Vorgehen transparent machen. Es muss klare Regeln, klare Aufgaben geben – und über diese darf es keine Diskussion geben. Typ A darf keine Möglichkeit haben, sich aus den Absprachen herauszuwinden, Aufgaben möglicherweise zu tauschen oder sogar ganz an seine Gefolgsleute zu verteilen. Wollen wir effektiv intervenieren, darf es für Typ A keine Sonderregeln und keine „Extrawurst" geben.

Unser konsequentes Verhalten allein wird Typ A aber nur wenig in seinem Verhalten ändern: Schließlich hat Typ A die meisten Klienten der Einrichtung in der ein oder anderen Form in sein soziales System eingespannt; entweder sie dienen ihm als Gefolgsleute oder werden als „Feinde" mit Verachtung gestraft. Es ist ungemein wichtig, das soziale System, das sich Typ A aufbauen konnte, aufzuklären und auch den Gefolgsleuten ihre Grenzen aufzuzeigen. Die Zusammenarbeit mit Typ A muss auch für die Gefolgsleute Konsequenzen mit sich bringen, ansonsten gäbe es keinen Grund mit Typ A zu brechen.

Die Intervention verläuft also auf zwei Ebenen: Aufklärung des sozialen Systems und Opferstärkung auf der einen Seite, konsequente Regelanwendung und -durchsetzung bei Typ A auf der anderen Seite. Sebastian fühlt sich bei unserer Maßnahme selbstverständlich zunächst einmal ungerecht behandelt. Gerade aufgrund der Tatsache, dass seine Gefolgsleute nun Sanktionen fürchten und nach und nach ihre Unterstützung zurückziehen, sieht Sebastian „seine Felle davon schwimmen". Wir müssen uns darauf einstellen, dass uns die Phase, Sebastians soziales System zu durchbrechen und ihn an die Regeln und Aufgaben heranzuführen, Durchhaltevermögen und eine hohe Frustrationstoleranz abverlangen wird.

7.3 Hackenkleber und Nerver – Typ B

Sandra bereitet ihrem Klassenlehrer schlaflose Nächte: Nicht nur hat Sandra deutlich Probleme, den schulischen Anforderungen in allen Fächern gerecht zu werden, vor allen Dingen fordert Sandra permanent Aufmerksamkeit und positive Rückmeldung. Rücksichtslos spricht sie dazwischen, ist in ihren Bemerkungen und in ihrem Auftreten distanzlos, provoziert mit Aussagen über das Aussehen seiner Frau oder sogar über die Intelligenz seiner Kinder; warten, dass ihr Lehrer sich ihr zuwendet, kann sie überhaupt nicht. Aus Verzweiflung hat ihr Lehrer Sandra einen Platz am Pult angeboten. Sandra nutzt diesen Platz nun als Bühne: „Habe ich das gut gemacht?", „Gucken Sie mal, ich bin fertig?" Reagiert ihr Lehrer nicht sofort auf eine ihrer Fragen, bricht sie in Tränen aus, wirft ihm vor, sich nicht für sie und ihre Leistungen zu interessieren.

Aggressionstyp B beschreibt Menschen, die durch ewige Diskussion und ständige Aktion auffallen. Sie fordern permanent und rücksichtslos Aufmerksamkeit und Kontakt und bedienen sich dabei aller Mittel, die zum gewünschten Ziel führen: Hinterherlaufen, Werfen mit Papierkügelchen, auffällige Kleidung, Fragen ohne Ende, provokante Aussage ... Typ B findet zielsicher gerade jenen Ansatzpunkt, der uns zur Weißglut treibt und eine Reaktion auslöst – und damit hat Typ B sein Ziel erreicht: Wir reagieren auf ihn, schenken ihm Aufmerksamkeit, auch wenn sie negativer Natur ist. Leben und Handeln sind ausschließlich auf die Suche nach Kontakt ausgerichtet.

Eine Intervention bei Typ B verlangt wiederum Durchhaltevermögen und Konsequenz: Wir müssen lernen, über die Provokationen von Typ B hinweg zu sehen, keine Aufmerksamkeit zu geben und Typ B schlicht zu ignorieren – trotz möglicherweise ungebührlichen Verhaltens. Nur so gelingt es, das von Typ B erlernte Muster „Provokation = Aufmerksamkeit" zu durchbrechen. Selbstverständlich braucht Typ B Zuwendung; diese sollte allerdings im Rahmen der Tagesplanung gesteuert und klar umrissen sein. Sandras

Klassenlehrer könnte beispielsweise die letzten fünf Minuten einer Unterrichtsstunde für Sandra reservieren – aber nur diese fünf Minuten, nicht mehr und nicht weniger. In Kombination mit einer Aufmerksamkeitssteuerung muss Typ B einen Bezug zur Realität entwickeln können: Typ B muss erkennen, dass Phasen, in denen er keinen Kontakt zu seinem Lehrer oder seinen Betreuern hat, nicht gleichbedeutend mit mangelnder Wertschätzung sind, sondern dass eine Eins-zu-Eins-Betreuung in dem jeweiligen Kontext nicht möglich ist. Typ B fürchtet Vernachlässigung, sobald ihm keine Aufmerksamkeit zukommt – im Umkehrschluss bedeutet dies für unsere Arbeit, dass wir Typ B zum einen vermitteln müssen, dass Aufmerksamkeit nicht das einzige Zeichen der Wertschätzung ist, zum anderen dass Aufmerksamkeit nicht auf provokantem Auffallen beruht. Typ B muss lernen, klare Regeln zu befolgen und sich einzureihen – und dennoch gilt es, ein Grundbedürfnis nach Aufmerksamkeit zu erfüllen.

7.4 Der Hyperventilierer – Typ C

Kevin gilt in der Einrichtung als „ganz Lieber". Er bemüht sich redlich, seinen Aufgaben und Pflichten nachzukommen und verhält sich in der Regel folgsam. Er ist eigentlich eine Frohnatur, bei seinen Betreuern und den anderen Klienten aufgrund seines freundlichen Auftretens und seiner Hilfsbereitschaft geschätzt. Aber Kevin kann auch eine ganz andere Seite zeigen: Ein falsches Wort, ein falscher Blick, ein Funken Kritik und Kevin rastet förmlich aus. Kevin ist innerhalb von Sekunden „von Null auf Hundert" und schlägt nicht nur mit Beleidigungen und provokanten Ausdrücken um sich. Nicht selten lässt Kevin in seiner Krise Fäuste sprechen. So schnell und unerwartet Kevin sich in seine Erregung hineingesteigert hat, so schnell und unerwartet setzt bei ihm auch die Beruhigung wieder ein. Er schämt sich in der Regel für seinen Ausbruch und ist für eine Klärung der Krise zugänglich. Kevin gelobt Besserung – wie immer. Er schafft es nicht, Lernziele auf eine neue Situation zu übertragen. Und so gibt es immer wieder Situationen, in denen Kevin „hochfährt".

Aggressionstyp C beschreibt einen Menschen, der unerwartet impulsiv und mit unkontrollierbarer Entladung auf einen Auslöser reagiert. Typ C zeigt wenig bis keine Anzeichen für eine Krise, aber wenn ihn etwas reizt, entwickelt er eine extrem hohe Erregung und reagiert. In der Krise ist Typ C mit Worten nicht mehr erreichbar: Typ C ist in seinem Tunnelblick gefangen und reagiert ausschließlich nach seinem vorprogrammierten Stresssystem. Mit zunehmender Krise verliert Typ C seine Empfindung für Schmerz – so merkt er nicht einmal, wenn er sich in einer körperlichen Auseinandersetzung verletzt.

Ein Eingreifen in der Krise ist unmöglich – Typ C spult schlicht das genetisch vorgegebene Stressprogramm ab, das eine eingeschränkte Wahrnehmung und eine eingeschränkte kognitive Leistungsfähigkeit zur Folge hat. Befindet sich Typ C in der Krise, so gibt es nur eines zu tun: Die Situation muss so schnell wie möglich beendet werden, um eine Selbst- und Fremdgefährdung zu vermeiden. Ist die Krise erst einmal beendet, so ist Typ C für eine Nachbesprechung zugänglich. Wir müssen Typ C dabei unterstützen, die Auslöser seiner Krisen zu erkennen und alternative Reaktionsweisen auf die Auslöser zu entwickeln.

Kevin ist gewillt, an seinem Verhalten zu arbeiten. Er braucht unsere Hilfe, um nicht nur alternative Reaktionsmöglichkeiten kennenzulernen, sondern vor allen Dingen zu erfahren, dass diese Alternativen seine Erregung auch wirklich wirksam eindämmen können.

7.5 Kränker und Mobber – Typ D

Miguel ist ein unangenehmer Zeitgenosse. Ständig lästert er über seine Mitschüler, gerade über seine weiblichen Kollegen. Frauen gehören für ihn hinter den Herd – was sie überhaupt in der Schule zu suchen haben, ist für ihn unverständlich. Die eine ist ihm zu dick, die nächste könnte den Rock ruhig kürzer tragen, bei der nächsten erkennt man die Intelligenz schon an der Frisur – Miguel provoziert durch verletzende Aussagen und wird dabei von seinem besten Kumpel Daniel unterstützt. Selbst vor seinen Lehrern macht Miguel keinen Halt: Sein Geschichtslehrer ist bestimmt ein „alter Nazi", seine Englischlehrerin ein „kleines Flittchen mit einem guten Job". Seine Klassenkameraden dienen Miguel als Bühne: Sie sind schockiert über seine Aussagen und gleichzeitig bewundern sie ihn für seine coole Dreistigkeit.

Aggressionstyp D beschreibt einen Menschen, der sich durch ein negativ-provokantes Auftreten Aufmerksamkeit verschafft. Typ D nutzt jede Gelegenheit, um mit verstecken Botschaften zu verletzen, Dinge und Menschen ins Lächerliche zu ziehen und sich durch Abwertung anderer selber aufzuwerten: Lästern über Kleidung und Aussehen, subtile Beleidigungen, verdrehen der Augen, Zucken der Mundwinkel – Typ D beherrscht ein ganzes Arsenal an Verhaltensweisen, die Verachtung ausdrücken und einen Gegenüber zu verletzten versuchen. Typ D steht dabei nicht allein: Typ D tritt ständig gemeinsam mit einem besten Freund oder einer besten Freundin auf und bezieht durch ihn oder sie die notwendige Unterstützung für seine Angriffe. Durch die enge Beziehung zum besten Freund oder zur besten Freundin ist es Typ D möglich, sehr autonom aufzutreten, allerdings ist er gerade aufgrund dieser Freundschaft wenig für Kontaktangebote von außerhalb zugänglich. Typ D wird in der Regel für seine Dreistigkeit bewundert, gemocht wird er allerdings nicht.

Typ D steht außerhalb der Gruppe, nimmt die Stimmung der Gruppe auf und initiiert gerichtete Angriffe gegen einzelne in der Gruppe. Die Gruppe wiederum reagiert auf Typ D und seine Provokationen und gibt Typ D dadurch die Bestätigung, die er sucht.

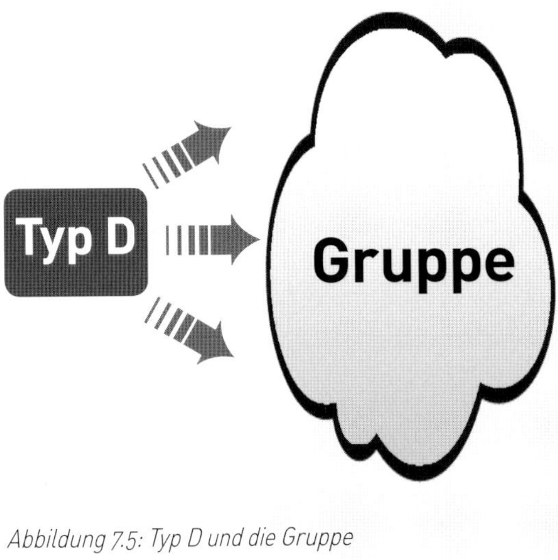

Abbildung 7.5: Typ D und die Gruppe

Im Eins-zu-Eins-Kontakt erleben wir Typ D im besten Fall neutral, in der Regel aber demotiviert und wenig kooperativ. Typ D überzeugt so oder so nicht durch besonderen Fleiß oder Leistung: Leistung ist „uncool" und für Typ D ein Thema, das er gerne beim Lästern aufgreift.

Was treibt Typ D wohl an? Miguel erfährt Befriedigung dadurch, dass er andere verbal verletzt – und da die Beleidigungen sehr subtil angesetzt sind, kann Miguel nicht einmal dafür zur Verantwortung gezogen werden. Er hat die Klassenbeste Sandra ja schließlich nur mit „Intelligenzbestie" angesprochen – dass Sandra diese Bezeichnung als Beleidigung aufgefasst hat, ist in Miguels Augen nicht sein Problem. Schafft man es, ein wenig hinter Miguels Fassade von verletzender Dreistigkeit zu schauen, erkennt man einen jungen Mann, der unter mangelndem Selbstbewusstsein leidet und fürchtet, dass andere seine Schwächen erkennen und sie gegen ihn ausspielen.

Um bei Typ D effektiv zu intervenieren, müssen wir ihm die Bühne entziehen und seine versteckten Botschaften direkt ansprechen: „Was willst du mir denn damit sagen? Was ist denn eine Intelligenzbestie? Was verstehst du denn darunter?" Typ D wird es schwerfallen, sich zu erklären – und je mehr sich Typ D um eine Erklärung bemüht, desto eher wird die Gruppe hinter die zunächst cool-dreiste Aussage schauen und diese als plumpe Provokation erkennen. Opferstärkung und Aufklärung der Gruppe haben zur Folge, dass Typ D mit seiner Dreistigkeit aufläuft. Das bedeutet aber auch, dass Typ D weiter auf der Suche nach Aufmerksamkeit ist. Typ D muss erfahren, dass er Zuwendung und Aufmerksamkeit ganz ungeachtet seines Verhaltens erfährt: Er muss lernen, dass die Wertschätzung für seine Person kein Ergebnis seines Verhaltens ist, sondern unabhängig davon gezeigt wird. Dafür muss Typ D aber zunächst vermittelt werden, woran er Wertschätzung erkennt: Wir müssen seine Wahrnehmung für Zeichen der Wertschätzung schulen. Typ D muss konsequent für regelkonformes und sozial angemessenes Verhalten verstärkt, aber ebenso für Regelverstöße sanktioniert werden. Unabhängig davon sollten Typ D Gesprächs- und Kontaktangebote gemacht werden.

Literaturnachweis

Dutschmann, A. (2001). Aggressivität und Gewalt bei Kindern und Jugendlichen – Steuerung fremdgefährdenden Verhaltens. Manual zum Typ A des ABPro. Deutsche Gesellschaft für Verhaltenstherapie e. V., Tübingen.

Dutschmann, A. (2001). Aggressivität und Gewalt bei Kindern und Jugendlichen – Steuerung fremdgefährdenden Verhaltens. Manual zum Typ B des ABPro. Deutsche Gesellschaft für Verhaltenstherapie e. V., Tübingen.

Dutschmann, A. (2001). Aggressivität und Gewalt bei Kindern und Jugendlichen – Steuerung fremdgefährdenden Verhaltens. Manual zum Typ C des ABPro. Deutsche Gesellschaft für Verhaltenstherapie e. V., Tübingen.

KAPITEL **8**

Miteinander reden als Methode der Wahl

Mit Sebastian dürfen wir nicht diskutieren, Miguel muss Zeichen von Aufmerksamkeit erkennen lernen, Kevin ist in der Krise verbal kaum zugänglich, braucht aber eine klare Ansage, um die aktuelle Konfliktsituation zu beenden ... Doch wie sprechen wir unsere Klienten so an, dass unsere Ziele auch erreicht werden? Was verbirgt sich hinter dem berühmt-berüchtigten Begriff der Krisenkommunikation?

8.1 Alles Kommunikation?

Bereits der Kommunikationswissenschaftler Watzlawick stellt als Grundprinzip jedes menschlichen Miteinanders fest, dass man „nicht nicht kommunizieren kann". In seiner Theorie ist diese Feststellung eines der so genannten pragmatischen Axiome der Kommunikation, grundlegende Bedingungen, die jeder Kommunikation zu Grunde liegen. In der Kommunikationswissenschaft sind die von Watzlawick formulierten Axiome mittlerweile weitgehend akzeptiert und Anlass weiterer Forschung und Entwicklung gewesen. Kommunikation zeichnet sich zusammenfassend durch die folgenden Aspekte aus:

- ✔ „Man kann nicht nicht kommunizieren." Kommunikationswissenschaftler gehen davon aus, dass jedes Verhalten in einer zwischenmenschlicher Interaktion einen Mitteilungscharakter hat. Sprichwörtlich ist uns diese Erkenntnis schon längst in die Sprache gefolgt: „Ein Blick sagt mehr als tausend Worte", „Reden ist Silber, Schweigen ist Gold"... Handeln oder Nichthandeln, Sprechen oder Schweigen beinhalten eine Mitteilung an das Gegenüber und regen es seinerseits zu einer Reaktion oder eben Nicht-Reaktion an.

✔ Jede kommunikative Aussage hat einen Inhalts- und einen Beziehungsaspekt. Mit dem Inhaltsaspekt ist der Sachinhalt der Aussage gemeint und zwardie Informationen, Daten und Fakten, die mit der Aussage vermittelt werden. Gleichzeitig sind in der Aussage aber auch Hinweise enthalten, wieder Sprecher seine Aussage beim Gegenüber verstanden wissen will. Je nach Art der Betonung, der Körpersprache und des Kontextes einer Aussage können Rückschlüsse gezogen werden, wie der Sprecher seine Beziehung zum Gegenüber definiert; eine Aussage kann folglich immer auch als persönliche Stellungnahme zum Gegenüber aufgefasst werden. Schulz von Thun geht in seinem Vierohrenmodell sogar noch einen Schritt weiter und gliedert die Aussagekraft einer Nachricht in vier unterschiedliche Aspekte: Neben dem Sachinhalt und Informationen über die Beziehung zwischen den Gesprächspartnern vermutet Schulz von Thun in jeder Aussage auch noch eine Selbstoffenbarung des Sprechers sowie einen Appell an das Gegenüber (vgl. Abb. 8.1). Zu bedenken ist, dass eine Aussage nicht nur ein Sachinhalt transportiert, sondern gleichzeitig einen Beitrag zur Gesprächsbeziehung leistet.

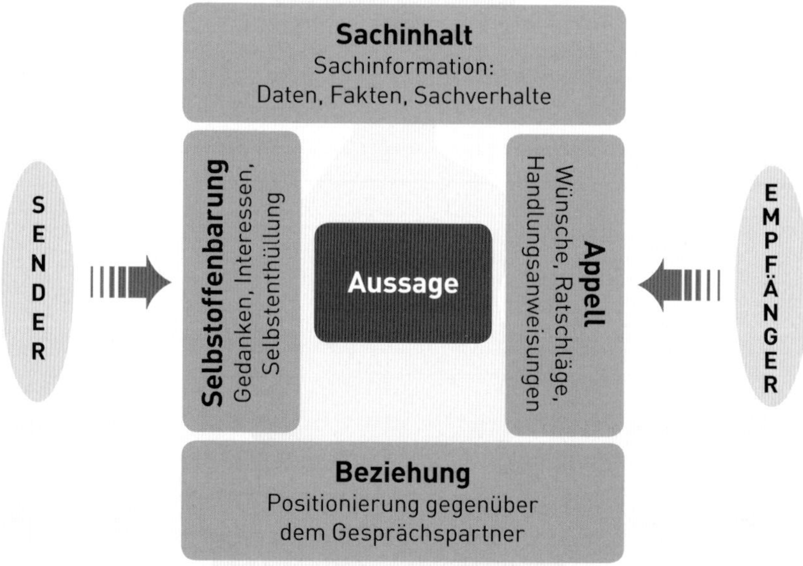

Abbildung 8.1: Vierohrenmodell nach Schulz von Thun

- ✔ Die Gesprächsbeziehung ist durch die Interpretation der Kommunikationsabläufe seitens der Gesprächspartner bedingt. Menschen nehmen Kommunikationsabläufe unterschiedlich wahr und organisieren ihr eigenes Verhalten über ihre Wahrnehmung lediglich als Reaktion auf das Verhalten des Gegenübers. Im Klartext heißt das, dass die Ursache für eine fehlerhafte Kommunikation stets beim Gesprächspartner gesucht wird. Gerade in Krisensituationen müssen wir davon ausgehen, dass der Inhalt unserer Aussagen durch die Interpretation unseres Gesprächsgegenübers verzerrt wird und den eskalativen Verlauf einer Krise begünstigt.

- ✔ Es existieren in jeder Kommunikation zwei unterschiedliche Formen von Beziehung, die entweder als symmetrische oder komplementäre Interaktion bezeichnet werden und etwas über das Machtverhältnis zwischen den Gesprächspartnern aussagen. Bei einer symmetrischen Kommunikationsbeziehung verhalten sich die Kommunikationspartner spiegelbildlich und bemühen sich darum, subjektiv wahrgenommene Ungleichheiten direkt auszugleichen. Dies ist vor allem für die Entstehung von Krisen ein eskalatives Moment: Interpretiert unser Gegenüber eine Aussage als Kritik oder gar als Drohung, so wird er ein vergleichbares Verhalten entgegensetzen und uns ebenfalls kritisieren oder drohen. Eine symmetrische Gesprächsbeziehung verstärkt in diesem Fall die Eskalationsspirale. Im Fall einer komplementären Gesprächsbeziehung ergänzen sich die Gesprächspartner: Auf eine Drohung wird mit einer Beschwichtigung reagiert, auf Kritik mit Humor – der Gesprächspartner wird dabei nicht gespiegelt, sondern ihm wird mit einem entgegengesetzten Gesprächsverhalten begegnet. Gerade die Unterscheidung zwischen symmetrischem und komplementären Kommunikationsverhalten ist für eine effektive Krisenkommunikation von besonderer Bedeutung: Wir müssen uns vor Augen halten, dass eine symmetrische Kommunikation den Krisenverlauf begünstigt und wir nur durch ein komplementäres Gesprächsverhalten das Krisenmuster durchbrechen und die Krise möglicherweise abwenden können.

Der Kommunikationswissenschaftler Stuart Hall hat bereits in den 70er Jahren Kommunikation als einen Prozess der Nachrichtenübertragung von einem Sender zu einem Empfänger dargestellt: Ein Sender möchte einen bestimmten Inhalt vermitteln. Seine Gedanken verschlüsselt er, indem er sie in entsprechende Worte kleidet oder sie sogar als Brief oder Notiz schriftlich niederlegt. Diesen Prozess nennt Hall Kodierung. Die Kodierung beinhaltet gleichzeitig eine Entscheidung über das Medium, das die Nachricht an einen Empfänger weitergeben soll: die gesprochene Sprache, die Schriftsprache, die Körpersprache und ähnliches. Ist die Nachricht kodiert, wird sie entsprechend an einen Empfänger übertragen. Der Empfänger hat die Aufgabe, die Nachricht zu entschlüsseln, also durch Interpretation den vom Sender intendierten Inhalt wiederherzustellen. Auf dieser Grundlage kann der Empfänger auf die Nachricht des Senders reagieren. Damit entsteht ein wechselseitiger Prozess zwischen Sender und Empfänger, der auf den Kodier- und Dekodierfähigkeiten der Beteiligten beruht. Die Kodierungs- und Dekodierungsprozesse werden als ein zwischenmenschlicher Akt gesehen, in dem ein Sender seine Nachricht aufgrund seines persönlichen, sozialen und kulturellen Hintergrundes verschlüsselt und ein Empfänger mit seinem persönlichen Erfahrungswissen entschlüsselt. Die Konsequenz liegt auf der Hand: Damit sich Sender und Empfänger eindeutig verstehen, müssen sie die gleiche Kodierung benutzen. Aufgrund der individuellen Sozialisation ist es beinahe unmöglich, sich genau der gleichen Verschlüsselungs- und Entschlüsselungscodes zu bedienen. Ist ein Lächeln ein Zeichen von Wärme und Zuneigung oder von Spott? Ist die hochgezogene Augenbraue Ausdruck des Erstaunens oder der stillen Kritik? Sagt mir mein Erfahrungsschatz, dass ein „Hast du gut gemacht" als ernst gemeintes Lob aufgefasst werden darf oder als ironische Abwertung meiner Fähigkeit interpretiert werden muss? Ist die Bezeichnung als „Alter/Alte" eine bodenlose Beleidigung oder ein Zeichen von Akzeptanz und Zugehörigkeit? Es ist nicht möglich, den kompletten Erfahrungshintergrund eines Gesprächsgegenübers zu rekonstruieren – und selbst wenn, können wir uns nicht vollständig von unserem Erfahrungs- und damit Interpretationswissen distanzieren. Kurz: Wir werden es nie schaffen, eine Aussage vollständig zu entschlüsseln und damit den vom Sender beabsichtigten Inhalt zu erfassen. Ebenso wenig dürfen wir erwarten, dass ein Gesprächsgegenüber unsere Aussagen zu hundert Prozent nachvollziehen wird. Und diese Tatsache skizziert nur eines der Grundprobleme, denen wir uns in der Kommunikation stellen müssen.

Zeichnen wir den Prozess einer Nachricht vom Sender zum Empfänger nach, kann die Kommunikation an jedem einzelnen Zwischenschritt maßgeblich beeinflusst werden (vgl. Abb. 8.2). Einschränkungen im kommunikativen Austausch können sich bereits dadurch ergeben, dass der Sender vielleicht einen konkreten Gedanken im Kopf hat, diesen aber nicht in die passenden Worte zu kleiden vermag. Wie häufig suchen wir selber nach den passenden Begriffen, um ein Gefühl zu umschreiben, um so etwas wie Atmosphäre zu erfassen, um körperliche Empfindungen darzustellen? Und wie häufig wissen wir selber nicht so genau, was wir eigentlich empfinden. So verwundert es nicht, dass uns die „richtigen Worte" fehlen können. Wenn wir aber unsere Gedanken schon selber nicht konkret benennen, wir also unsere Gedanken nicht angemessen kodieren können, wie können wir dann erwarten, dass wir richtig interpretiert und damit verstanden werden? Doch selbst wenn der Sender seinen Gedanken konkret in Worte verpacken kann, ist damit nicht gesagt, dass er sich eines allgemein bekannten Wortschatzes bedient. „Chillen", „Abhängen", „Auschecken", „Schneekoppe", „Warmduscher" ... tagtäglich sind wir mit Begriffen konfrontiert, die außerhalb unseres Arbeitsplatzes nicht zwingend zu unserem Wortschatz gehören; wir müssen uns zunächst also eine Interpretation erarbeiten und hoffen, dass diese mit der Intention des Senders übereinstimmt. Genauso ist aber auch umgekehrt zu prüfen, ob unsere Formulierungen von unseren Klienten verstanden werden können. Ist ihnen ein Begriff wie Reaktanz oder Prävention bekannt? Können wir den Begriff Perspektive nutzen oder sollten wir nicht lieber von Standpunkt/Sichtweise reden?

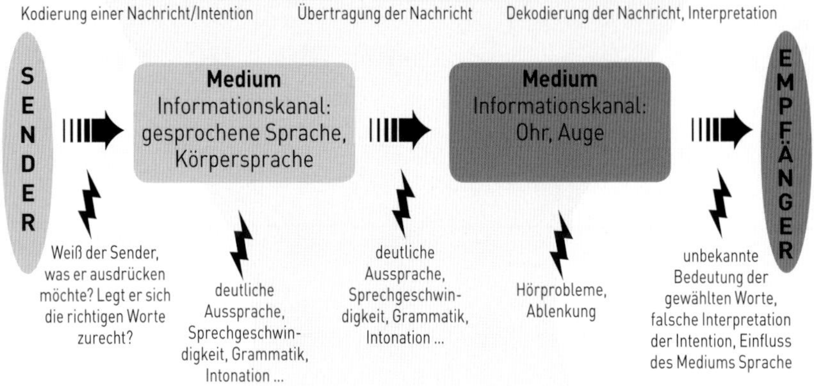

Abbildung 8.2: Beeinflussung der Kommunikation; Sender-Empfänger-Modell nach Stuart Hall

Für eine gute Krisenkommunikation ist folglich zunächst zu prüfen, welches Sprach- und Verständnisniveau unser Gegenüber mitbringt. Da die Wahrnehmungs- und Interpretationsfähigkeit durch die Stressreaktion im Konflikt maßgeblich nachlässt, können wir weder erwarten, dass ein Klient in der Krise seine Gedanken angemessen in Worte fassen kann, noch dass er in der Lage ist, Aussagen auf unserem normalen Sprachniveau zu verstehen. Einfache und klare Ansagen sind der Schlüssel, einen Klienten in der Krise sprachlich überhaupt noch zu erreichen. Gleichzeitig gilt es, die Initiative zu erringen und dann beizubehalten.

8.2 Wer fragt, der führt

Fragen sind das Mittel der Wahl, um ein Gespräch einzuleiten und dem Gegenüber Interesse zu signalisieren. Gerade in der Phase des Anflutens ist eine mögliche Krise noch abzuwenden; entscheidend ist, dass unser Gegenüber sich angenommen und verstanden fühlt. Gelingt es, den Klienten zunächst in ein Gespräch über seine Sichtweise einzubinden, können wir zum einen wertvolle Informationen über den Anlass des Konfliktes und die aktuelle Gefühlslage gewinnen, zum anderen Vertrauen und Wertschätzung vermitteln.

Nachfolgend sollen hilfreiche Fragearten vorgestellt und ihr Nutzen diskutiert werden.

Frageart	Definition	Beispiel
geschlossene Sachfrage	Eine ***geschlossene Sachfrage*** zielt darauf ab, Informationen über Tatsachen zu sammeln oder Meinungen, Vorschläge vom Gesprächspartner einzuholen. Geschlossene Sachfragen beziehen sich speziell auf einen realen Sachverhalt. Die geschlossene Sachfrage verlangt eine präzise Antwort und schränkt die Antwortmöglichkeiten aufgrund des Frageformats bereits ein.	„Hast du Hunger?" „Wie heißt du?" „Ist dir das so Recht?"
offene Sachfrage	Eine ***offene Sachfrage*** zielt ebenfalls darauf ab, Informationen über Tatsachen zu sammeln oder Meinungen bzw. Stimmungsbilder vom Gesprächspartner einzuholen. Offene Fragen holen jedoch Informationen ein, deren Ausführlichkeit vom Antwortenden abhängt. Gerade, wenn wir unseren Klienten verstehen lernen wollen, sind wir auf ausführliche Darstellungen seiner Sicht oder seiner Gefühle angewiesen. Mit einer offenen Frage signalisieren wir unserem Gegenüber Interesse – und geben ihm gleichzeitig die Möglichkeit, über die Auswahl der Informationen und damit den weiteren Verlauf des Gespräches zu bestimmen. Eine offene Sachfrage drückt also Interesse und Wertschätzung aus und vermag dem Klienten diese Wertschätzung zu verdeutlichen.	„Wie geht es dir gerade?" „Warum hast du das gemacht?" „Was kann ich tun, um dir zu helfen?" „Wie erklärst du dir das?"

Frageart	Definition	Beispiel
Suggestivfrage	Die ***Suggestivfrage*** dient dazu, dem Gesprächspartner den eigenen Standpunkt aufzuzwingen. Eine Suggestivfrage kann eigentlich nur bestätigt werden. Die Suggestivfrage mag durchaus dazu geeignet sein, eine Zustimmung zu erreichen. Allerdings ist für den Befragten schon sehr deutlich, dass eine vorgegebene Antwort von ihm erwartet wird. Es wird „über den Kopf hinweg entschieden".	„Dir geht es doch sicher auch um eine Lösung des Problems, oder?" „Das willst du doch sicher nie wieder durchmachen?"
Alternativfrage	Die „Alternativfrage" ist von besonderer praktischer Relevanz, da sie die Auswahl zwischen zwei Handlungsmöglichkeiten vorgibt und damit gleichzeitig die Antwort auf eben eine dieser Möglichkeiten begrenzt. Beim Einsatz einer Alternativfrage sind die Alternativen für die fragende Partei zumeist beide akzeptabel, der Gegenpartei wird lediglich die Entscheidung zwischen diesen beiden Lösungswegen überlassen. Doch allein die Tatsache, dass unser Gegenüber eine Entscheidung treffen darf, wird als positiv und wertschätzend aufgefasst.	„Möchtest du die Aufgabe direkt erledigen oder erst nach dem Abendessen?"

Frageart	Definition	Beispiel
Gegenfrage	Eine ***Gegenfrage*** ist als „Antwort" auf eine zuvor gestellte Frage definiert, wobei zumeist nicht auf den Inhalt der vorangestellten Frage eingegangen wird. Eine Gegenfrage wird aus praktischen Gesichtspunkten meist dann eingesetzt, wenn es einer Frage auszuweichen oder Zeit zu gewinnen gilt.	Frage: „Warum kannst du nicht einfach mal fünf gerade sein lassen?" Gegenfrage: „Was meinst du denn genau damit?"
rhetorische Frage	Bei ***rhetorischen Fragen*** wird keine Antwort im klassischen Sinn erwartet; die Antwort ist in der Frage bereits impliziert. Damit beantwortet der Fragende eine rhetorische Frage selbst und erwartet vom Antwortenden – wenn überhaupt – höchstens einen Ausdruck der Zustimmung zur offensichtlichen und vorgegebenen Antwort.	„Wollen wir denn noch ewig über dieses Thema reden?"
Perspektivwechsel	Bei einem ***Perspektivwechsel*** stellt der Fragende eine offene Frage und fordert sein Gegenüber damit auf, einen Perspektivwechsel vorzunehmen und aus der Sicht des Fragenden zu argumentieren und zu antworten. Die Reaktion des Antwortenden steht völlig frei. Ziel eines Perspektivwechsel ist es, festgefahrene Denkstrukturen aufzubrechen und mögliche Vermutungen, Befürchtungen oder Wünsche des Gegenüber zu erfahren.	„Was muss ich tun, damit du mir glaubst?" „Was würdest du denn an meiner Stelle tun?"

Fragetechniken dienen nicht nur der Informationssuche. Vielmehr ist es durch Fragen möglich, Vertrauen, Wertschätzung und Interesse zu signalisieren und damit einen Zugang zu unseren Klienten zu finden. Fragen sind dabei auch eine Möglichkeit, auf Einwände, Widerspruch und Kritik zu reagieren. Bei Widerspruch gilt es zunächst zu analysieren, um was es dem Gegenüber eigentlich geht: Gibt es einen sachlichen Grund, der einen Einwand rechtfertigt, oder ist es eher Widerspruch um des Widersprechens willen? Wie jede Aussage besteht auch ein Einwand mindestens aus einer Sachebene und einer Beziehungsebene. Es gilt also das Objektiv-Sachliche gegen das Subjektiv-Emotionale abzugrenzen und nicht nur zu fragen, was gesagt wird, sondern auch warum. Die dargestellten Fragetechniken bieten eine breite Auswahl an Möglichkeiten, den Einwand zunächst verstehend zu hinterfragen.

Auf einen Blick

- „Man kann nicht nicht kommunizieren." In der Interaktion vermittelt jede Aussage, jede Handlung und auch jede fehlende Reaktion dem Gegenüber Informationen.
- Jede Aussage vermittelt Informationen auf mehreren verschiedenen Ebenen. Neben einem Sachinhalt verbergen sich in einer Aussage stets auch Informationen über die Selbstwahrnehmung des Sprechers sowie über die Beziehung zwischen den Kommunikationsbeteiligten.
- Der Sprecher und sein Gegenüber müssen einen ähnlichen persönlichen Erfahrungshintergrund besitzen, um die Aussagen gegenseitig angemessen interpretieren und damit verstehen zu können.

Fragetechniken dienen nicht nur der Informationssuche. Vielmehr ist es durch Fragen möglich, Vertrauen, Wertschätzung und Interesse zu signalisieren und damit einen Zugang zu unseren Klienten zu finden.

Literaturnachweis

Hall, S. (1973). Encoding and decoding in the television discourse. Centre for Contemporary Cultural Studies, University of Birmingham.

Schulz von Thun (2006). Miteinander reden 1: Störungen und Klärungen. Allgemeine Psychologie der zwischenmenschlichen Kommunikation. Rowohlt, Hamburg.

Watzlawick, P., Beavin, J. H., Jackson, D. D. (2007). Menschliche Kommunikation. Formen Störungen Paradoxien. Huber, Bern.

Das Seminar „go straight"

win2win gGmbH
Gesellschaft für Prävention

GO STRAIGHT I

Methodenkompetenztraining

Steuerung schwieriger Gruppenprozesse

AUSGANGSLAGE

Eskalierende Situationen, bis hin zu verbalen oder körperlichen Übergriffen stellen zwar Ausnahmesituationen dar, sind aber trotzdem im Alltag gegenwärtig.
Prävention und Intervention greifen hier ineinander. Eskalierte Krisen lassen sich kommunikativ auch ohne Anwendung körperlicher Gewalt lösen. Krisenkommunikation, Achtsamkeit, Wertschätzung und strenge Grenzsetzungen sind der Schlüssel zur Steuerung solcher Prozesse.

NOTWENDIGKEIT

Der Umgang mit gewaltbereiten Jugendlichen gewinnt in der Jugendarbeit, dem Jugendschutz und im pädagogischen Alltag eine immer größere Bedeutung.
Nicht nur die Gewaltbereitschaft gegenüber Pädagogen, sondern insbesondere die verminderte Hemmschwelle Jugendlicher zur Anwendung körperlicher und seelischer Gewalt gegenüber Schwächeren oder Minderheiten werden betrachtet. Nicht die Gewaltbereitschaft des Gegenüber steht im Vordergrund, sondern der eigene Umgang mit diesem Verhalten.

METHODEN

- Powerpoint ■ Trainerinput ■ Fall- und Praxisanalyse
- Einteilung in Gewalttypisierung
- Krisenmodell ■ Konfliktkreislauf
- Stressindizierte Interaktionen/Rollenspiele

ZIEL

Ziel dieses Seminars ist die Teilnehmer/innen für das Thema Gewaltbereitschaft und -prävention zu sensibilisieren. Das Ziel des Methodenkompetenztrainings ist die Weiterentwicklung einer gewaltfreien, standhaften und wertschätzenden Pädagogik. Krisenkommunikation, Konfliktmanagement und Deeskalation stehen im Vordergrund. Nicht die Beherrschung gewalttätiger Personen, sondern die Verhinderung gewalttätiger Auseinandersetzungen ist das Ziel.

GO STRAIGHT II

Verhaltens-training

Kommuni-kation in extremen Situationen

AUSGANGSLAGE

Einrichtungen und Institutionen, die im sozialen Arbeitsfeld tätig sind, werden zunehmend mit den Themen „Aggressionen" und „Gewalt" konfrontiert. Wichtig zur Bewältigung dieser Situationen ist der Erhalt der Handlungs-kompetenz in Extremsituationen. Die Fachkräfte sind in diesem Zusammenhang stark gefordert, da die Auseinandersetzung mit aggressiven Handlungen einen bestimmten Stellenwert im Arbeitsalltag einnehmen kann, der auch zu erhöhten persönlichen Belastungen führt.

TRAINING

Die Inhalte des Trainings umfassen sowohl die Vermittlung von Hintergrundwissen aus der Psychologie, als auch ein Verhaltenstraining. Die theoretischen und praktischen Anteile sind aufeinander abgestimmt und in Bezug auf die Transferleistung miteinander verknüpft.

METHODEN

- Kurzvorträge
- Fallanalysen
- Kollegiale Beratung
- Einzel- und Gruppenarbeit
- Körperarbeit
- Videoanalyse
- Stressindizierte Interaktionen/Rollenspiele

ZIEL

Das Ziel des Verhaltenstrainings ist die Vermittlung von Techniken, die im Kontext von Bedrohung und Gewalt zu einer Handlungssicherheit in kritischen Situationen führen und somit notwendige Voraussetzung einen Krisenmanagements darstellen.

GO STRAIGHT III

Qualitäts-baustein zum Umgang mit Mobbing und subtiler Gewalt

AUSGANGSLAGE

Die Gruppenprozesse innerhalb ambulanter oder stationärer Einrichtungen sind häufig schwer zu steuern. Atmosphärische Störungen, Mobbing oder subtile Gewalt werden durch Betreute an den Tag gelegt. Diese mobben aus Angst, um selber nicht gemobbt zu werden. Hieraus entsteht ein Kreislauf zwischen dem Täter, dem Opfer und der Masse der stillen Teilnehmer. Diesen Kreislauf gilt es zu durchbrechen.

INHALTE

Die Inhalte dieser Fortbildung richten sich an die Betreuer, die Gruppenprozesse leiten und steuern. Die gemeinsame Erarbeitung von praktischen Herangehensweisen sowie theoretischen Grundlagen sind elementarer Bestandteil dieser Schulung.

METHODEN

- Kurzvorträge
- Einzel- und Gruppenarbeit
- Erstellen einer Powerpoint-Präsentation
- Kollegiale Beratung
- Rollenspiel
- Fallanalyse

ZIEL

Das Ziel dieser Konzeptentwicklung ist die Verfeinerung von Techniken, die im Gruppenkontext von Mobbing und subtiler Gewalt zu einer hohen Handlungssicherheit führen. Gruppenprozesse einleiten und steuern ist eine leicht zu erlernende Kunst.

Kurt Thünemann wurde 1959 in Emsdetten, Nordrhein-Westfalen, geboren und leitet heute als Geschäftsführer die Gesellschaft für Prävention win2win-gGmbH in Oldenburg.

Von 1975 bis 1983 leistete er eine achtjährige Polizeidiensttätigkeit im Bundesgrenzschutz mit Verwendungen in einer Einsatzhundertschaft bei Großdemonstrationen und Schutzdienst im Bundeskanzleramt und Bundespräsidialamt.

Nach dem Studium der Sozialpädagogik 1987 sammelte er Erfahrungen in der stationären Kinder- und Jugendhilfe im Anerkennungsjahr und als Gruppenleiter in der Johannesburg in Surwold, Börgermoor. Anschließend lebte er als Profipflegevater auf einem Bauernhof mit vier Kindern. Parallel dazu arbeitete er als externer Drogenberater in der JVA-Oldenburg und im betreuten Wohnen für Drogenabhängige. Dann leitete er achteinhalb Jahre die Drogenberatungsstelle in Cloppenburg. In dieser Zeit absolvierte er das Studium der Erziehungswissenschaften, wechselte in die pädagogische Leitung der Johannesburg. 2004 ließ er sich als Personaltrainer selbstständig nieder. Im März 2006 gründete er die win2win-gGmbH Gesellschaft für Prävention.

Gemeinsam mit seinem Männerfreund Frank Stöckler, seinen Trainerfreunden Axel Kalus und Matthias Wolter entwickelte er das Krisenkompetenztraining „go straight".

Eigene Gewalterfahrung, deren Verarbeitung und Umsetzung der Gewaltfreiheit auch in extremen Arbeitsfeldern treiben ihn in seiner jetzigen Tätigkeit an.

Die praktische Arbeit mit Kindern, Jugendlichen, Mitarbeitern, Leitungs- und Führungskräften sowie verbandliche Arbeit prägen seinen Werdegang. Die Weitergabe der Erfahrungen in den Personaltrainings, durch Veröffentlichungen und den Ausbau der Personalentwicklungsgesellschaft win2win-gGmbH mit seinem multiprofessionellen Team stehen für einen ausgeprägten Netzwerkgedanken.

win2win ist daher nicht nur der Name für einen Personaldienstleister und Firmenmotto sondern auch seine Lebenseinstellung.

Denise Weßel-Therhorn

wurde 1982 in Münster, Nordrhein-Westfalen, geboren. Während ihrer Schulzeit am Clemens-Brentano-Gymnasium Dülmen entdeckte sie ihr besonderes Interesse für die Irrungen und Verwirrungen der menschlichen Natur und stillte ihren diesbezüglichen Wissensdurst in einem von der Studienstiftung des Deutschen Volkes geförderten Studium der Psychologie an der Westfälischen Wilhelms-Universität Münster.

Bereits während des Studiums engagierte sich Denise Weßel-Therhorn im Bereich der Rechtspsychologie. Von 2005 bis 2007 arbeitete Frau Weßel-Therhorn als wissenschaftliche Mitarbeiterin in der Kriminologischen Zentralstelle Wiesbaden e. V. in einem Projekt zur Evaluation von Sozialtherapie für Sexualstraftäter. Darüber hinaus konnte sie eigene praktische Erfahrung in der Diagnostik und Therapie von Gewalttätern im Rahmen eines Vollzeitpraktikums in der Justizvollzugsanstalt Münster im Jahr 2004 gewinnen.

Das Wissen um rechtspsychologische Grundlagen und die Entstehung und Prävention von Kriminalität ergänzt sie derzeit im Masterstudiengang „Kriminologie und Polizeiwissenschaft" an der Ruhr-Universität Bochum. Als ihr persönliches wissenschaftliches Steckenpferd gilt die Erforschung von Kommunikationsverhalten in polizeirelevanten Krisensituationen; dieses Forschungsgebiet führt sie derzeit unter Anleitung ihres Doktorvaters Prof. Dr. Wolfgang Bilsky einer Dissertationsschrift zu. Seit 2008 ist sie als wissenschaftliche Mitarbeiterin in der win2win-gGmbH tätig.

Angebote der win2win-gGmbH

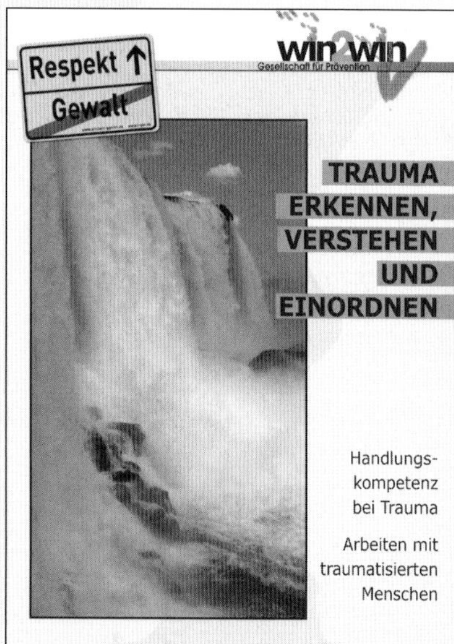

Respekt
Gewalt
win2win
direkt
Arbeit mit Kindern & Jugendlichen
ARBEIT MIT
KINDERN
UND
JUGENDLICHEN
Sozialkompetenz-
Training
Anti-Gewalt-
Training
Akrobatik
& Jonglage
win2win direkt
Training

win2win
Gesellschaft für Prävention
AkrObatik verbindet
Akrobatik Seminare
Akrobatik als Mittel der
handlungsorientierten
Prävention
und Konfliktbewältigung
für Kinder-, Jugend- und
Erwachsenengruppen.